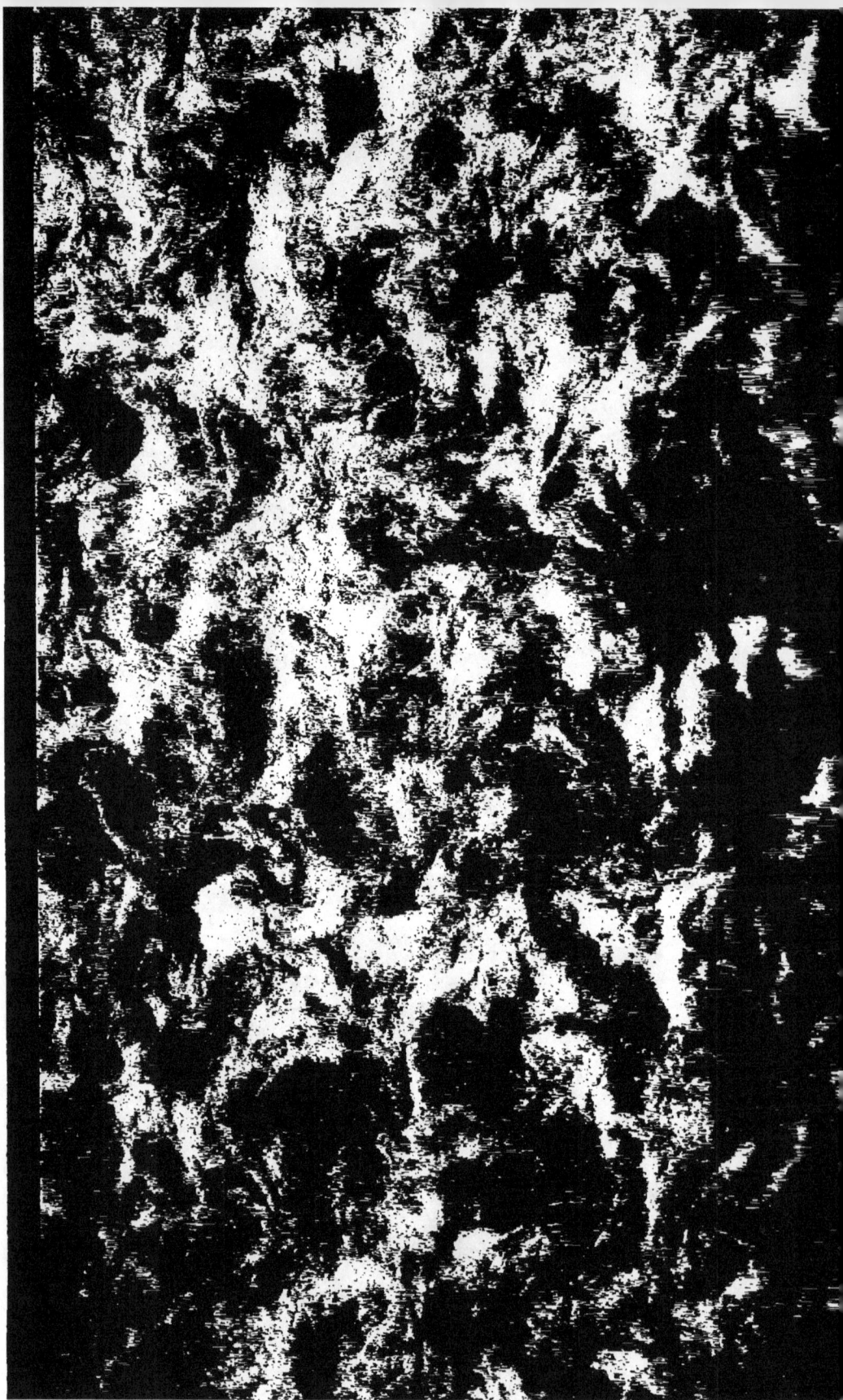

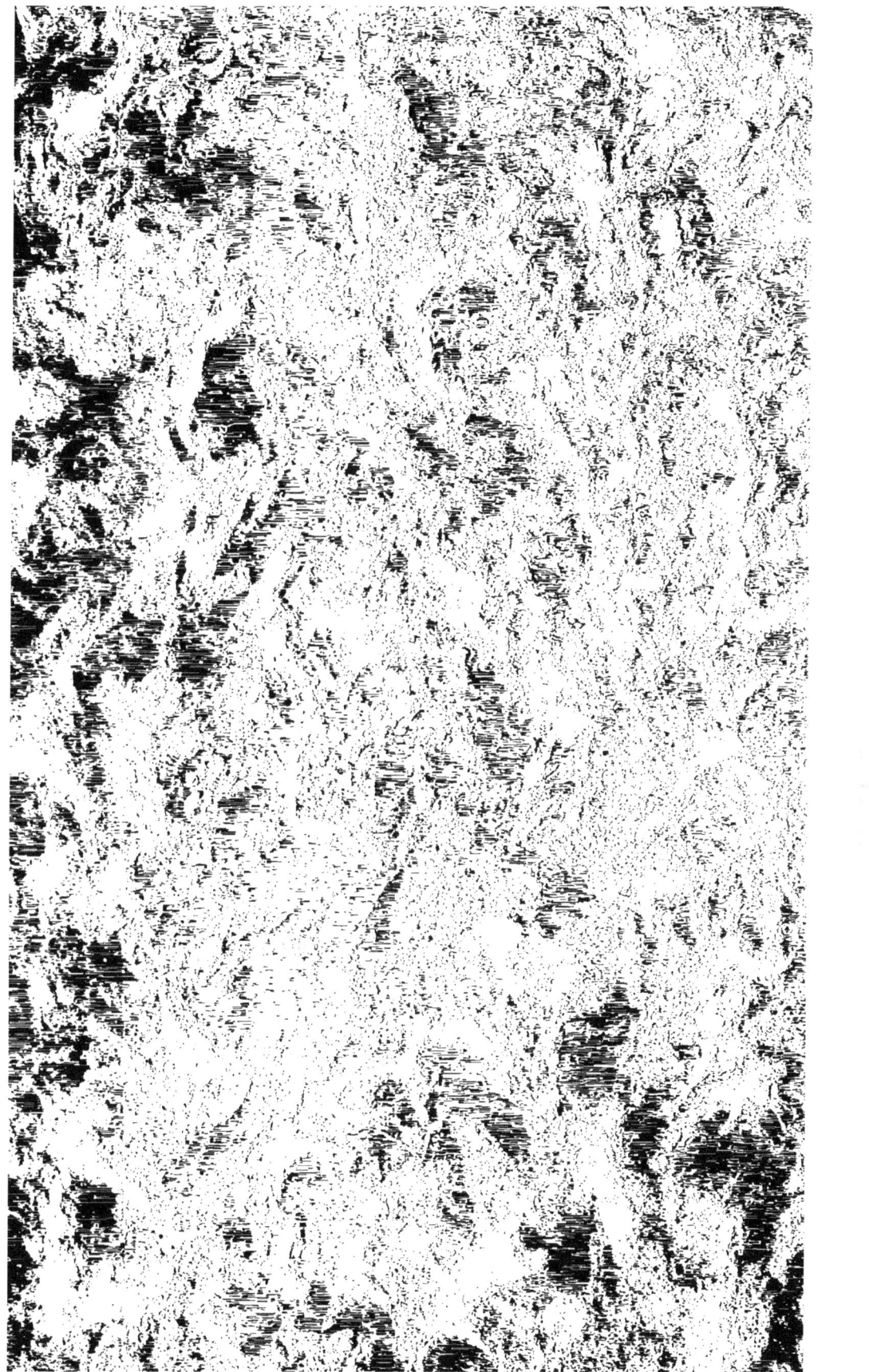

LE
CALVAIRE
DE LA PATRIE.

2ᵉ SÉRIE GRAND IN-8ᵉ.

LE

CALVAIRE

DE LA PATRIE

INVASION EN FRANCE

DES HORDES PRUSSIENNES

(1870–1871)

PAR A. DRIOU.

LIMOGES,

Eugène ARDANT et C. THIBAUT

ÉDITEURS.

LE

CALVAIRE

DE LA PATRIE.

———◦⊰⋄⊱◦———

I

SCÈNES INTIMES.

I

C'est dans le palais d'un roi, le roi de Prusse, que se passent les scènes qui vont suivre (1).

On est à l'année 1869, et l'heure des ténèbres est venue. Un ciel sans astres pèse sur la contrée, tel qu'un couvercle de marbre noir sur un tombeau. Rien ne trouble le profond silence de cette nuit, si ce n'est un bruit étrange, comme d'un battement d'ailes, que par moments on entend au-dessus des campagnes et des cités...

Dans une salle assez vaste, éclairée d'une façon lugubre par une lampe aux reflets rougeâtres, et dont les ors du plafond et les étoffes des tentures reçoivent des reflets fantastiques, douze à quinze personnages sont assis autour d'une grande table couverte d'un tapis couleur de sang sur laquelle sont épars des plans, des cartes et des papiers.

L'un de ces hommes, celui qui occupe la place d'honneur, semble par son attitude farouche avoir autorité sur les autres. Ses cheveux sont blancs, blanches ses mousta-

(1) Cet ouvrage a été composé pendant la guerre franco-prussienne.

ches peu fournies ; mais à la courbure de son nez et au feu qui jaillit, pour s'éteindre tout après, de son œil demi-clos par l'abus de la vie, on pressent de violents instincts d'orgueil excessif et de domination tyrannique.

Le personnage qui occupe sa droite est grand, sec, maigre et osseux. Ses doigts résonnent comme des castagnettes chaque fois que ses longues mains se rencontrent. On dirait des doigts de squelette qui s'entrechoquent. Des broussailles qui lui tiennent lieu de sourcils s'élancent des éclairs. Son visage, sillonné de gros plis, et son crâne pelé, emmanché sur un long cou, le font ressembler à un vautour. Chose étrange en une telle réunion ! la poitrine de ce personnage est couverte d'une cuirasse, et un casque est placé devant lui, tandis qu'un long sabre laisse voir sa garde d'acier appuyée sous son épaule. Cet homme maigre, élancé, ainsi enclos dans sa carapace de fer, rappelle l'amusante silhouette du chevalier de la Triste-Figure, Don Quichotte de la Manche, le terrible redresseur de torts !...

La gauche du prince est occupée par un soldat à face de dogue, et faisant ainsi contraste avec la physionomie du précédent. Il est gros et court. Blanchi sous le harnais, on trouve en lui un vieillard, mais non de ces vieillards accorts, affables, dont l'âge adoucit les traits, et font rêver à un père tendre et affectionné. Non. Le *facies* de cet homme est tuméfié par une brutalité stéréotypée dans sa chair, sur ses muscles, et résultant du rictus de ses lèvres lippues. Une formidable moustache blanche ajoute à l'aspect farouche, dur et rébarbatif de ce mufle d'hippopotame.

Les autres personnages qui entourent la table sont des princes du sang, des feld-maréchaux, des chefs de corps, des principicules, de ces roitelets dont l'Allemagne est trop riche, venus là pour prendre part à la délibération, donner aussi leur avis sans doute, mais surtout pour courber l'échine en recevant les ordres du maître.

Ils ont tous juré, au préalable, de les exécuter ponctuellement, impassiblement, implacablement, sans détours, et de tout cœur!

Les jeux de lumière projetant ici des feux, là des ombres, donnent aux différents membres de cette réunion de conspirateurs inspirés par les passions les plus violentes, de mystérieuses ressemblances avec des hures de sangliers, les uns; les autres, des profils de chacals, des museaux de panthères, ou des groins de coyotes, etc.

Le chef suprême, celui dont une couronne d'or ceint les tempes, sans se lever, mais d'un geste superbe appelant l'attention, prend ainsi la parole :

— Dieu, dit-il d'une lèvre mystique et d'une voix acidulée, — et en prononçant ce nom, et en levant au plafond ses yeux dont on ne voit plus que le blanc, l'astucieux personnage laisse deviner qu'il se rit de celui qu'il invoque hypocritement, — Dieu nous a réunis dans ce palais, illustres témoins de mon règne, fleur et gloire de mes Etats, pour nous concerter afin d'exécuter ses ordres et d'accomplir ses volontés...

Ce sera pénible à notre cœur, mais nous devons obéissance et soumission à Celui qui gouverne les mondes!

Or, sachez tous qu'il veut faire de moi un nouvel Attila!... Oui, dans les décrets éternels, je deviens le Fléau de Dieu!...

Et le peuple sur lequel il ordonne que je fasse tomber les foudres de ses vengeances, passer la flamme de ses colères, souffler le simoun de ses trombes, c'est... la France !

Comme elle me déplaît, cette France, comme elle me choque, comme elle m'irrite, comme elle m'agace!... Combien de fois, dans le silence des nuits, elle vient troubler mon sommeil... Oui, la France m'empêche de dormir, et Augusta, ma noble épouse, et notre Fritz chéri, tous, nous sommes... jaloux de cette France! continue le monarque, oubliant déjà le rôle de piétisme qu'il s'est imposé au début, et cessant de parler au nom du Seigneur, pour laisser passer aux yeux de tous le bout de l'oreille de la passion haineuse et toute d'envie qui l'anime.

Sera-t-il donc dit que cette France se composera des provinces de l'occident, tandis que notre Prusse ne développe aux regards que des plaines sablonneuses et des steppes infécondes? Sera-t-il dit que cette France aura pour capitale Paris, la ville des arts, le sanctuaire des sciences, la patrie de l'esprit, du bon goût, des splendeurs monumentales, le berceau des grandes découvertes, le théâtre de l'industrie, l'entrepôt des richesses et des trésors du monde, le foyer de la civilisation, le temple du génie, le chef-lieu de l'Europe!... Sera-t-il dit que cette France comptera des cités innombrables où toutes les ressources sont entassées, accumulées ; des champs fertiles fécondés par la plus habile agriculture; des collines plantureuses d'où le sol heureux fait jaillir les vins les plus exquis, le Champagne surtout, le délicieux Champagne!...

Par la couronne de mes pères, la France ne sera plus la reine de l'Europe et du monde!...

De mes ancêtres, Frédéric VI de Hohenzollern acheta, en 1415, l'électorat de Brandebourg; Jean-Sigismond y adjoignit la Prusse-Ducale; puis, en 1648, le traité de Westphalie valut la Poméranie à Frédéric-Guillaume.

Quand ensuite l'empereur d'Allemagne Léopold Ier eut érigé les possessions en royaume de Prusse, en 1701, le premier roi de ma famille, Frédéric Ier, l'augmenta de la principauté de Neuchâtel, qu'il acheta. Puis Frédéric II n'acheta pas, lui, il vola la Silésie à Marie-Thérèse d'Autriche...

— Vola... n'est pas le mot, sire... s'empressa de dire l'homme à la cuirasse : de nos jours, et de par ma volonté, *la Force prime le Droit*... Votre aïeul n'a donc pas volé...

— Eh bien! moi, Guillaume V, je... prendrai l'Alsace et la Lorraine à l'empereur Napoléon III, ou plutôt à la France... reprit le sachem des Têtes-Carrées... Puisque la force prime le droit, j'userai d'une telle rigueur, que rien ne saura me résister... L'Alsace et la Lorraine !... Savez-vous que ce fleuron du diadème de la France me sourit fort ?... D'ailleurs, on me l'a pris à moi, futur empereur de la grande Allemagne. De quel droit Louis XIV enlevait-il ces provinces où la langue allemande est parlée, où les usages sont allemands ? Sont à moi tous les pays où les dialectes germains sont la langue du peuple ! je les revendique. Revendiquons-les, messeigneurs ; revendiquons à la France, à l'Angleterre, à la Hollande, au Danemarck, et ailleurs... toutes les régions, les îles, les presqu'îles, les moindres coins où l'on parle notre langue bien-aimée, la langue harmonieuse et sacrée de notre belle patrie !

C'est la Prusse alors qui deviendra le plus grand empire du monde ; car deviendront Prussiens et les Saxons, et les Bavarois, et les Wurtembergeois, et les Badois, et les Aut... Mais silence !...

Par ainsi, la Prusse sera la reine de l'univers et ceindra la couronne altière du fier Paris ; Berlin remplacera cette cité déchue, comme capitale de la civilisation, et moi, on me fera empereur, oui, je deviendrai le grand empereur d'Occident, et la reine Augusta sera impératrice, et notre Fritz sera prince impérial !...

Brrrrr ! A cette pensée mon sang ne fait qu'un tour... et je sens que je titube, comme si le Champagne ! Mais ce n'est pas là le quart d'heure, laissons le Champagne pour le moment...

Donc, à nous la France !... Nous allons l'attaquer, la violenter, la mettre à la torture, à la géhenne !... Oui, je me ferai volontiers bourreau, exécuteur juré, pour humilier ce peuple français que je hais, et qui ne m'a pas fait grand accueil à l'exposition de 1867, où j'avais pourtant envoyé mes canons Krup... Oui encore, nous devons réunir toutes nos combinaisons et nos efforts pour pressurer, dépouiller, appauvrir, morceler, anéantir cette France odieuse autant que nous le pourrons. Je le veux !... Cela sera !...

Guillaume, le cacique des Têtes-Carrées, achève à peine d'articuler ces derniers mots avec un accent impérieux, colère et sauvage, que subitement prenant l'attitude d'un chef de Peaux-Rouges parlant à ses guerriers au nom du Grand-Esprit, sous le wigwam du conseil, il empreint sa face d'un air béat de douleur affectée, couvre ses traits d'une misérable hypocrisie, et ajoute d'une voix mielleuse, en scandant ses paroles :

— Cela sera, mes frères, cela sera, au nom du Seigneur!... Car *Dieu le veult!* Oui, cela sera, au nom du Créateur que nous adorons, et dont, vous le savez, nous prenons à tâche d'exécuter en toutes choses la sainte volonté! Que son nom soit béni!

Puis se redressant tout-à-coup, il ajoute d'une voix de tonnerre, en sillonnant l'air de ses bras et en faisant luire des feux dans son œil d'hyène :

— Oui, cela sera... Elle me déplaît cette France que l'on a surnommée la terre des braves!... je la foulerai du talon de ma botte royale, moi, Guillaume de Hohenzollern, et je lui ferai rendre le dernier soupir, s'il faut...

— D'ailleurs, sire et messeigneurs, n'oublions pas que le sol est miné sous nos pieds... dit à son tour le don Quichotte cuirassé, en réponse au monarque. Les nations nous abhorrent, et les petits enfants même, dans leurs prières, demandent au Très-Haut que la terre soit délivrée de nous.

— C'est précisément la France encore, la France toujours, qui a ramené la liberté dans notre Occident!... que ferons-nous pour étouffer cette liberté! car notre règne est fini, si le sien commence... Que chacun de vous, messeigneurs, propose ce qui lui semblera bon!... murmure le souverain avec un hoquet.

— Envahir la France, le sol exécrable où germe cette dangereuse liberté!... réplique le cuirassier.

Nous, Prussiens, nous serons une *Nation armée*, contre

l'Armée d'une nation ; c'est dire que le triomphe est assuré.

Que feront trois cent, quatre cent mille hommes contre tout un peuple? d'ailleurs le soldat français n'est plus un soldat : c'est un mannequin habillé d'une tunique ; c'est un pantin dont les révolutionnaires font mouvoir les ficelles. Les feuilles démocratiques ont enlevé tout frein, lacéré toute discipline, et éteint toute vaillance chez ces héros des légendes d'autrefois! Nous aurons facilement raison de ces militaires pour rire, tout comme nos enfants de leurs soldats de plomb...

— Avec douze cent mille hommes, et nous les avons! dit ensuite le gros soudard à moustaches blanches, nous franchirons notre grand fleuve du Rhin, et nous inonderons les provinces de l'est de la France, non pas comme une invasion ordinaire, lente et mesurée, mais avec une rapidité torrentielle, effrayante, comme une avalanche, comme les eaux de la mer rompant leurs digues, comme un déluge d'hommes engloutissant toutes les vallées, pénétrant par toutes les gorges, s'étendant sur toutes les régions, gravissant jusqu'aux montagnes, se répandant à travers toutes les plaines, inondant les villes, enfouissant les villages et les hameaux, dévastant, détruisant, arrachant, ruinant, confondant toutes les choses, y enlevant la vie et y prodiguant partout la mort!...

— Très bien! très bien!... balbutie le sachem.

— Bravo! bravo!... disent après lui les guerriers.

— Ces douze cent mille hommes, nous les diviserons en de nombreux corps d'armée... continue le boule-dogue.

Alors, portant la guerre sur le territoire ennemi, contre son attente, car il se croira le premier à atteindre les bords du grand fleuve, quand il se présentera, nous l'aurons déjà franchi sur huit ou dix points différents à la fois.

Nous tomberons inopinément chez eux, en les glaçant d'épouvante et d'effroi.

Notre violence sera celle du tonnerre qui foudroie; notre fureur, la fureur de la tempête qui brise et écrase; notre rapidité, celle du tourbillon qui arrache et disperse; notre vengeance, la vengeance du feu qui brûle et consume, la vengeance de la mort qui tue pendant le sommeil!...

— Très bien! très bien!... balbutie le sachem en se frottant les mains et en portant les lèvres à une coupe placée sous sa main.

— Bravo! bravo! disent après lui les guerriers.

— Alors aussi, quatre cent mille hommes livreront des batailles ici et là; — je connais les bons endroits; je les ai visités; mes plans sont là!... Wœrth, Forbach, Freschwiller, Wissembourg. — Nous serons vainqueurs, car là où les Français mettront en ligne 30,000 hommes, nous leur en opposerons 200,000; où ils en masseront 100,000, nous en aurons 300,000... continue le gros capitaine.

De l'Alsace inondée par l'arrivée de nos douze cent mille soldats, trois cent mille se porteront immédiatement vers la Lorraine, et trois cent mille sur les forteresses qui bordent la France. Ces citadelles seront immédiatement investies...

Cent mille hommes feront notamment le siége de l'arrogante cité de Strasbourg... Strasbourg!... la clef de notre chère Allemagne désormais!... Ayons-en bien le souvenir au cœur!...

Je dis « siége de Strasbourg!... » c'est à tort. Sans nous occuper aucunement du prétendu droit des gens, car ce n'est pas à des Prussiens que l'on fait de ces contes d'enfants, nous ferons tomber sur cette ville, qu'il nous faut, et sur toutes les places fortes que nous attaquerons, un tel déluge de feu; nous les couvrirons de tant et tant de projectiles, bombes, obus et fusées; la grêle monstrueuse d'un bombardement sans nom jusqu'alors, jetteront la population dans une telle épouvante, qu'elle demandera grâce et merci... les femmes, les premières, puis les vieillards, forceront leurs défenseurs à capituler...

Croyez-vous que nous épargnerons les monuments, les hospices? Allons donc! Que sont les édifices, fussent-ils des

Alhambra, des Xénéralif et des Parthénon. Que sont des hospices, où git la vieillesse inutile, quand il s'agit de vaincre?

Nous ne battrons pas davantage les remparts. Est-ce que nous voulons monter à l'assaut?... Nenni pas! Nous n'avons point de temps à perdre... Nous sèmerons la mort parmi les familles, mais une mort incessante, cruelle, horrible, et les familles seront nos auxiliaires dans un tel bombardement!...

Que nous importe le sang qui coulera?... Le sang français, dût-il rougir le sol de toute l'Europe, peut-il nous émouvoir? A l'œuvre, mes pairs! Appelons à nous le fer, la flamme, la douleur et la faim, l'agonie et la mort, mais sur toutes choses soyons les maîtres, et devenons le premier peuple du monde!

Le général de Moltke aura imaginé un plan qui rendra immortel... son nom... dans l'histoire!

— Très bien!... très bien!... s'écrie le sachem...

— Bravo!... bravo!... disent après lui les guerriers...

— Et puis vous n'oublierez pas... surtout... de rançonner... les villes, les... villages... et jusqu'au... moindre hameau... ajoute le personnage couronné, dont la langue s'épaissit peu à peu, et balbutie, car il a souvent recours à un breuvage qui est placé près de lui, et dont il semble savourer le charme perfide.

— De cela... je me charge, et de bien d'autres choses encore... dit à son tour, et en riant de toute sa bouche ouverte, le cuirassier qu'agite un frissonnement continuel... Depuis douze ans, mais depuis six surtout, j'ai couvert la France d'espions intelligents et dévoués. J'ai de ces espions parmi le peuple, dans la bourgeoisie, au milieu de la plus brillante société, et jusque sur les marches du trône impérial. L'Empereur et ses ministres, les diplomates et leur cour, généraux et maréchaux, gens du monde et libres-penseurs, la tourbe des journalistes surtout, n'ont rien dans leurs poitri-

nes et au plus profond de leurs pensées, que je ne connaisse ;
toutes les ressources, toutes les richesses de la France me
sont connues. Les plans des hommes de guerre, ce que renferment les arsenaux, l'esprit du soldat, sa haine actuelle
de toute discipline, grâce aux feuilles démocratiques et révolutionnaires, rien ne m'est caché, et je le dis nettement,
nous vaincrons !

Mais pour rendre cette victoire définitive, pour faire de la
France un cadavre désormais sans vie, nous épuiserons le
sang qui coule si abondamment dans ses veines, c'est-à-
dire l'argent... Les réquisitions de toute nature, les contributions de guerre ordinaires et extraordinaires, les impôts
quintuplés sous menace d'*exécution militaire*, expression
mystérieuse qui fera frémir, exactions de toutes sortes, rapines et déprédations, châteaux mis à sac, manoirs dépouillés
de la cave au grenier, villes ruinées, maris châtiés, femmes
fustigées, trésors et mobiliers pillés, villes incendiées, paysans jetés à la voirie, chevaux volés, basses-cours égor-
gées, roueries de toutes sortes sont dans mes attributions. Je
n'aurai l'air de toucher à rien, et tout se fera par moi. Nous
exprimerons du citron jusqu'à la dernière de ses gouttes, à
l'aide d'une pression formidable. A moi cette pression ! je
saurai me tirer d'affaire et vous me donnerez des nouvelles
de l'action mise à bonne fin...

Par exemple, j'abandonne aux titulaires des commanda-
tures, à leurs chanceliers, aux préfets et sous-préfets allemands, à nos généraux prussiens et à leurs officiers, tous les
pillages de moindre importance, les surcharges d'impôts, les
surtaxes des postes, le coût des *laissez-passer*, les retenues
sur les chemins de fer, les ventes de bois dans les forêts de
la France, etc., car nous agirons comme chez nous, dans
cette France terrifiée !... Le reste, il me le faut !... Il me le
faut, pour le mettre à vos pieds, millions et milliards, sire...
ajoute-t-il en se levant pour s'incliner profondément, et

comme par dérision, devant la Majesté dont les yeux ternes et glauques se voilent par instants.

— Je reviens à la guerre et à mon plan... dit de nouveau le rude bouteur de batailles et de bombardements.

Donc, nos légions s'avancent petit à petit, comme timidement, précédées des uhlans, leurs éclaireurs habiles, au travers de cette belle proie qu'on appelle la France !... Nos soudards se font débonnaires d'abord, et faibles, pour qu'on les accueille sans violence, qu'on les ménage, qu'ils préviennent en leur faveur... Ils ont soin de dire partout et toujours : Nous voici, meilleurs diables que vous ne pensiez ; vous voyez que vous pouvez faire de nous ce que vous voudrez ; nous ne sommes que cinq, dix, quinze, vingt !... Néanmoins, ne nous touchez pas, car demain vingt mille cavaliers arrivent ; nous sommes suivis de cent mille hommes !... Ainsi, ce que vous avez de mieux à faire, c'est de nous livrer votre ville, vos maisons, vos vivres, votre argent, vos chevaux, et de ne pas bouger, sinon *capout, der teufel !*

Et ces dernières paroles s'accentuent de plus en plus jusqu'à produire un formidable rinforzando...

D'ailleurs, si un misérable paysan veut défendre sa femme, ses filles, ses enfants, sa famille, fusillé sans rémission !

S'il ose protéger son petit domaine, le feu à sa maison !

S'il prétend soustraire ses provisions, le pillage !

Qu'une ville ait l'audace de résister, l'incendie !

Qu'un pays s'insurge, exécution en masse, pillage des demeures, le feu à toutes les maisons, la mort partout !...

Et pendant qu'on incendiera, que les châteaux brûleront, que les villages seront en flammes, que le sang coulera sous les balles et les baïonnettes, que l'on pillera les maisons, que tout sera mis à sang, à feu et à sac, nos belles et bonnes musiques prussiennes feront entendre leurs plus joyeuses fanfares !... histoire de s'amuser pendant qu'ils pleureront, eux !... *Væ victis !*

Aussi, pour enlever toute idée de rébellion, pour étouffer

dans son germe tout projet d'insurrection, toute tentative de soulèvement, partout où se montreront nos armées, nous afficherons incontinent :

« PEINE DE MORT... contre quiconque, etc., etc. ! »

En même temps, au fur et à mesure que nos colonnes s'avanceront dans les vastes plaines de la France, semblables au coin de fer qui écarte en brisant toute résistance, les chemins de fer seront coupés, les routes interceptées, et la circulation deviendra impossible.

Puis les fils des télégraphes seront enlevés. A nous seuls la télégraphie, pour communiquer les ordres, faire parvenir les dépêches, correspondre avec l'Allemagne et le monde entier... Mais pour les Français attérés, plus de nouvelles, pas de communications possibles, même avec les pays les plus proches; ignorance entière, absolue, de ce que nous ferons dans les départements envahis et des violences dont ils seront le théâtre.

Les provinces seront alors comme à mille lieues de leur capitale.

Les postes seront supprimées ; les bureaux de poste seront fermés; les lettres deviendront un mythe!...

Surtout plus de journaux, dont les Français sont si friands !

La France entière, mise ainsi à la géhenne, à la torture, plongée dans l'obscurité de l'ignorance de tout événement, terrifiée, saisie d'épouvante, glacée d'effroi, n'osera remuer, ne pourra crier... Si elle fait un mouvement, soudain nous lui mettrons plus durement encore le pied sur la poitrine; nous en ferons un cadavre...

On se demandera, entre Français : Où est donc le roi Guillaume?... où se trouve le prince Frédéric-Charles?... sur quel point marche le prince héritier?...

Et nul ne pourra répondre.

On se dira : Mais que fait donc notre armée de la Loire? Bourbaki arrive-t-il donc enfin?... Et Paris, que lui advient-il? quelles victoires ont donc remportées Chanzy, Faidherbe, Clinchant?...

Et nul ne soufflera mot...

Et alors nous lui répandrons les nouvelles les plus étranges; et on les croira, et on se les dira à voix basse, et on pleurera de joie; puis quand la vérité se fera jour, et qu'on saura que l'on n'a plus que des ruines, que les soldats sont morts, que les armées sont détruites, les Français consternés attendront dans le silence, la terreur et l'effroi. . . . .

— Cependant, Strasbourg aura capitulé... réplique le chancelier casqué.

Metz aura capitulé...

Toul, Verdun, Thionville, auront capitulé, car elles capituleront toutes, ces fameuses forteresses...

Et Paris donc!... Paris, lui aussi, capitulera, le fier Paris!

— Et nous lui prendrons des millions, le plus de millions possible, s'écrie le sachem des Caraïbes, dont le visage s'empourpre, car à chaque instant, comme un fiévreux qui aspire la fraîcheur, il porte ses lèvres altérées au vidercome qu'il vide d'un trait, mais qu'on lui remplit immédiatement d'une liqueur dorée comme le champagne, mais qui doit être de l'eau de feu, ainsi que disent les Peaux-Rouges, ou du cognac, comme disent les Français, plus classiques.

Puis le même personnage, saisissant la couronne d'or, qu'il place obliquement sur son chef royal, d'un air crâne et tapageur, ajoute d'une voix entrecoupée par des hoquets bachiques :

— Pendant que vous, mes braves camarades, vous fusillerez les naïfs paysans, que vous assassinerez les *moblots*, que vous exterminerez, autant que faire se pourra, les redoutables francs-tireurs, que vous écraserez les pioupous, comme ils appellent leurs soldats, ou que vous les enverrez pourrir dans les casemates de mes citadelles, toi, de Moltke, tu... triompheras d'autant plus facilement, avec mes canons d'acier, que la France se trouvera sans défenseurs! Quant à toi, Bismark, mon féal, — et je me fie à toi pour cela ! — tu auras recours... à toutes les fourberies, c'est ton fort ! pour faire tomber... ces farceurs d'ennemis dans le piége...

Ah ! *der teufel !* je ne puis m'empêcher de rire, fait-il encore, en imprimant un sifflement à sa langue pâteuse, je ne puis m'empêcher de rire à la pensée que, par ta ruse, par ton astuce diabolique, toi, Bismark, tu vas amener les Français, le peuple le plus spirituel du monde, ainsi qu'il se le laisse dire, tu vas l'amener... à nous déclarer la guerre le premier, lui qui n'est point prêt, à nous qui sommes en mesure de l'écraser !... Oh ! voilà la plus charmante, la plus délicieuse, la plus merveilleuse de tes roueries, vieux diplomate, va !...

Si encore tout cela ne me donnait pas la fièvre, et la fièvre la soif, une soif d'enfer !... Mais oui, j'ai soif !... Versez-moi donc à boire, vous, mes laquais royaux, les laquais des illustres de Hohenzollern !... Et sachez bien que la soif qui me dévore n'est pas seulement celle de l'alcool, mais surtout celle de milliards, des milliards de la France !... A bon entendeur, salut !

Messieurs mes généraux, et vous autres princes, qui allez avoir l'honneur et la gloire de servir... la Prusse, dans cette... jonglerie... que j'appelle la campagne, l'invasion de la France, n'oubliez pas que... je veux pour fin finale, pour... bouquet terminal du gigantesque feu d'artifice que nous allons allumer à nous tous, n'oubliez pas que je veux des millions, beaucoup de millions, des millions d'Orléans, des millions de Rouen, des millions d'Amiens, des millions de Dijon, des millions de Metz, de Strasbourg, de partout, mais surtout de Paris, oh ! de Paris !...

De Paris, nous pourrons bien exiger 500,000,000 ! hein ? réponds, Bismark...

Et de toute la France, dix milliards !... Qu'en pensez-vous, mes braves ?...

Dix milliards !...

Mais c'est que, pour une pareille conquête, je mets en mouvement tous... mes hommes de fer et d'airain!...

Eh bien! oui, j'ai soif, et je bois!...

Je bois à nos victoires, mes braves!...

Pardon! pardon!... Et Dieu... que j'oublie dans ce moment solennel, lui, le Dieu des armées!... dit encore le fanatique souverain de la Prusse, qui se croit, dans ses hallucinations soldatesques et ébriolentes, l'envoyé, le choisi, l'élu de Dieu pour punir la génération du XIXe siècle, la rappeler à l'amour du bien ; oui, le Dieu des armées va s'offenser de mon ingratitude, et je lui en demande pardon !

Je dis donc qu'une chose m'étonne, m'étonne profondément : c'est que, pour punir et châtier la France, et pour accomplir d'aussi grandes choses que la ruine d'un peuple comme le peuple français, le Seigneur ait...

— De grâce, nous attendons tous avec anxiété que vous acheviez de compléter votre pensée... dit gravement, avec un ton de prière, le chancelier Don Quichotte.

— Le Seigneur... ait choisi... un vieux c... comme moi!... Je suis gris, je le sens, mais... (1)

Et, en voulant s'agenouiller pour parler à Dieu, le sachem des Têtes-Carrées, Guillaume, fait tomber la lampe royale, et la salle du conseil est plongée soudain dans la plus profonde obscurité...

On entend alors un affreux ronflement, celui du roi de Prusse, qui s'endort, couché sur le tapis du salon, sous la table...

Et les pas des honorables personnages qui l'entouraient, s'empressant d'aller, eux aussi, goûter les douceurs du sommeil...

II

Quelle impression subiriez-vous, lecteur, en présence d'un duel à mort dans lequel, des deux champions,

_____

(1) Historique. Versailles a été le théâtre du fait.

L'un se présenterait au combat mis en haleine par de nombreux exercices préparatoires, fortifié par une nourriture choisie, oint d'essences onctueuses pour assurer la souplesse de ses mouvements, couvert de pied en cap d'une armure d'acier à toute épreuve, et cavalcadant sur le plus vigoureux des étalons,

Tandis que l'autre, sommeillant à demi dans l'ignorance du danger, mais provoqué soudain par l'insulte et l'outrage, serait contraint, sous peine de forfaire à l'honneur, de répondre incontinent aux bravades de son adversaire par un cartel, alors qu'il n'a pu recueillir ses esprits et sa vigueur, qu'il manque d'armes, de montures, qu'il fléchit et trébuche à chaque pas ?...

Assurément vous vous écrieriez :

— Le premier lutteur doit nécessairement avoir le dessus, et le second succomber... Mais quelle triste gloire pour le vainqueur, alors !...

Telle fut la position de la Prusse vis-à-vis de la France, dans le mémorable choc de ces deux contrées, en 1870.

La Prusse a remporté toutes les victoires;

La France a subi tous les revers!

Mais le voilà qui touche à sa fin, ce duel formidable de deux races lancées l'une contre l'autre par l'orgueil insatiable d'un roi despote, l'esprit retors et la soif de conquêtes d'un ministre absolu dans ses volontés, et la haine jalouse des princes leurs ilotes !

La gloire militaire de notre chère patrie, ses succès dans les arts, ses progrès dans les sciences, les magnificences de sa capitale, les splendeurs de ses villes, la richesse de ses provinces, l'immensité de leurs ressources, l'étendue de la domination française, la renommée sans limites de la France, les lauriers que l'univers entier lui décernait, les empêchaient de dormir !...

Ce fut cette haine jalouse de l'Allemagne qui lui fit entreprendre contre nous cette guerre d'extermination.

Une trêve va suivre notre défaite ; elle durera ce que dure la patience d'un peuple cruellement éprouvé.

Puissent les roueries de Bismark ne pas faire école! L'Europe deviendrait une caverne de brigands!

Ce choc épouvantable, colossal, de 1870, entre deux nations, devait être un succès incomparable pour l'Allemagne. Les Prussiens s'y préparaient de longue main, tandis que les Français, légers, trop légers toujours, s'abandonnaient au plaisir, et s'endormaient dans l'indifférence.

Pour les réveiller, il ne fallait pas moins que la main du nouvel Attila.

Il vint attaquer notre pays avec un million d'hommes. Depuis Xerxès se précipitant sur la Grèce, jamais on n'avait vu armée aussi nombreuse. Ce fut un torrent, une inondation, un déluge de soldats, une marée d'envahisseurs.

Aussi quelle plume pourra jamais dire l'invasion de tout ce peuple de sauvages, peindre les haines allemandes, raconter les effrayantes turpitudes prussiennes, les vengeances atroces, les violences inouïes, les impitoyables exactions, les vols honteux, les spoliations calculées, les inimaginables réquisitions, les dépouillements sans fin et sans mesure, les horribles incendies de chaque jour, les fusillades incessantes, les meurtres, la mort sous toutes les formes et par un pur caprice haineux, la violation flagrante de tout droit des gens, toutes choses exécrables, inscrites à l'avance, combinées froidement, résolues impérieusement, très méditées, parfaitement réfléchies, et consignées dans le programme des envahisseurs ; toutes choses horribles dirigées par ceux qui les avaient conçues, et exigées des sbires qu'ils envoyaient en avant, des satellites qui leur faisaient cortége, et des sicaires empanachés, dorés et couronnés, dont la glorieuse mission fut de servir d'exécuteurs des hautes-œuvres à Sa Majesté Guillaume de Prusse, au chancelier de Bismark, et au feld-maréchal de Moltke.

Or, toutes les lois divines et humaines, ainsi foulées aux

pieds par ces hordes sauvages se jetant avec fureur et voracité sur le peuple de l'Occident dont le vieux monarque ja-
lousait les grandeurs, c'était avec le nom du Seigneur aux
lèvres, doucereusement prononcé par la bouche béate de cet
hypocrite couronné, que cet héritier des princes voleurs de
la Silésie et des provinces qui composent maintenant ses
Etats, faisait son irruption en France.

La Prusse avait pour objectif d'anéantir notre patrie, d'en
briser tous les ressorts, d'en broyer les institutions, d'en
épuiser les forces vitales, d'en extraire la moelle, de ne plus
lui laisser que le souffle, comme à un cadavre agonisant, afin
que la France se sentît mourir peu à peu...

Guillaume de Hohenzollern contrefaisait Néron, lorsque ce
monstre disait aux assassins à ses gages :

— Tuez, égorgez, mais lentement... Enlevez la vie petit
à petit, afin que les victimes sentent la mort les envahir!...

Honneur et gloire à Guillaume-Néron de Prusse!

En effet, c'est ainsi que la France a été livrée au martyre,
au plus lent et au plus énergique des supplices, à une torture sans nom, à une géhenne inexprimable, et cela par
l'inspiration du bourreau Bismark et sous la conduite de l'arrogant, de l'inflexible, de l'implacable Guillaume.

C'est ainsi que nous avons été vaincus, disloqués, exté-
nués, épuisés par les violences indicibles de l'exécrable de
Moltke, réduits à rien, nous Français, les braves des braves
jadis, et que, à cette heure suprême de l'abaissement et de
l'humiliation, de la misère et de la ruine, nous sommes obligés de courber la tête...

Eh bien ! triomphez, roi sanguinaire et princes farouches,
vos misérables acolytes; triomphez, généraux barbares bien
choisis pour conduire vos hordes de Peaux-Rouges ; triomphez, abominable chancelier, véritable suppôt de Satan;
triomphe, soldatesque cruelle, hideuse et puante!...

Mais n'oubliez pas qu'il est un Dieu dont vous avez souillé
l'image sainte et le nom sacré, et que ce Dieu saura tôt ou

tard venger vos crimes honteux, vos meurtres infâmes, vos ignobles spoliations, vos exactions monstrueuses, les turpitudes de vos saturnales nocturnes, et tous les incendies injustifiables, et les inqualifiables hécatombes d'innocents, dont le souvenir fera rugir longtemps les échos de Strasbourg, de Thionville, de Bazeilles, d'Ablis, de Châteaudun, de Nemours, de Chérizy et de Houdan près de Dreux, d'Orléans, d'Arthenay, de Rouen, de Bougival, de Saint-Denis, de Saint-Cloud, et de tous les lieux infortunés où vous avez porté vos pas de bêtes féroces...

En attendant le jour de la revendication, en attendant l'heure des représailles, jour et heure qui seront terribles pour les vôtres et votre pays,

Je vous donne rendez-vous au tribunal de Dieu, que j'invoque et qu'ont irrité vos fureurs.

Il sera votre juge à l'instant fatal, et qui n'est pas éloigné, où vous serez comptés parmi les morts...

Alors on dira de vous :

« Ils ont passé sur cette terre en faisant le mal! Ils ont descendu, eux aussi, le fleuve du temps. On a trop entendu leurs voix criminelles sur les bords qu'ils ont rougis de sang... Où sont-ils maintenant? Peut-on dire d'eux :

« Heureux les morts qui meurent dans le Seigneur? »

» Semblable à un rayon d'en-haut, une croix, dans le lointain, se montrait pour guider leur course. Mais ils en ont détourné la tête... Où sont-ils maintenant?... Peut-on dire d'eux :

« Heureux les morts qui meurent dans le Seigneur? »

Jusque-là, triomphez! je le veux bien.

Mais je ne vous en crache pas moins à la face le mépris et la haine des peuples...

Mais je vous crie, et l'univers avec moi :

— Soyez maudits!

LA GUERRE A LA PRUSSIENNE.

I

On se souviendra de 1870 !

L'année s'était ouverte sous de bien tristes auspices : l'entrée au pouvoir du cabinet Ollivier-Le Bœuf ; le meurtre d'un pamphlétaire par un prince de la famille Bonaparte ; les sottises inquiétantes des clubs de Belleville, une maladie épidémique qui avait enclos en tombe noire nombre de Parisiens ; et enfin une sécheresse déplorable qui avait nui à l'agriculture. Hélas ! c'est là tout simplement la préface de nos malheurs !

En effet, on est à peine au milieu de la même année, et juillet verse sur notre sol français des torrents de chaleur, lorsque, à la tombée de la nuit, un soir de ce mois brûlant, la lune se lève à l'horizon des rives de notre Rhin, et leurs collines se couronnent de sa resplendissante lumière. A sa vue, les jeunes hommes, après les travaux du jour, poussent des soupirs de joie, et le long des chemins argentés, les jeunes filles chantent des paroles mélodieuses, car c'est le seul vrai moment du repos, le seul où la poitrine oppressée peut respirer plus à l'aise.

La scène se passe dans notre beau pays de France, cette riche terre des braves, qui produisit jadis tant de vaillants capitaines : Camulogène et Vercingétorix, Vindex et Sabinus, Clovis et Charlemagne, Bayard et Du Guesclin, Tu-

renne et Condé, Lannes et Cambronne... J'en omets, et des
meilleurs.

Tout-à-coup, alors qu'il surmonte et illumine les sombres
coteaux couverts de bois, l'astre des nuits, à l'instant précis
où il projette ses reflets sur les remparts de la grande cité
de Paris, pénètre dans le cône d'ombre épandu dans l'infini
du firmament par notre planète terre, et il se fait petit à petit
une sinistre et lugubre éclipse. On ne cesse pas d'entrevoir
l'orbe énorme de la lune, qui est dans son plein, mais il s'enveloppe tristement d'un large crêpe funèbre, et à travers ce
voile fantasmatique, le globe rougeâtre et sanglant semble
regarder notre France, et sa capitale, et ses villes, et ses campagnes, avec une larmoyante compassion, et une terreur
toute de pitié...

Cette éclipse effrayante dure de sept heures du soir à une
heure du matin; et tous ceux, en grand nombre, qui en ob-
servent les phases, sont étonnés de l'aspect anormal, fantasmatique, qui la caractérise, et demeurent saisis d'effroi. Le
cœur serré, pantelants, ils se rappellent l'épouvante que res-
sentirent autrefois, à la vue d'un pareil phénomène, et Louis-
le-Débonnaire, dans sa prison, et Charles-Quint, dans son
monastère, et tous les peuples encore, et jusqu'aux animaux
domestiques et aux bêtes sauvages. Ils comprennent ce sentiment d'effroi, qu'ils partagent en ce moment, et ils disent :

— Quelles calamités nous annonce donc cette horrible oc-
cultation de l'astre aimé des nuits?...

Le même soir, les peuples assis sur les rives occidentales
du grand fleuve du Rhin, en plongeant leurs regards sur la
ligne ténébreuse de la Forêt-Noire, croient y voir briller des
casques et des cuirasses, des fers de lances et des baïonnettes, sous les reflets sanglants de la lune éclipsée...

Cette vision est terrifiante; hélas! elle n'est pas l'effet
d'une hallucination; elle n'est que trop réelle et trop vraie...

Ce qui semble de loin des fantômes casqués, cuirassés,
armés de toutes pièces, c'est la concentration gigantesque

d'innombrables hordes de Prussiens, de Bavarois, de Badois, de Hessois, de Wurtembergeois, se préparant à envahir notre France.

Apprenez, générations futures, et gardez dans votre souvenir bien profondément gravé le sanglant mémorial des ignominies allemandes que je vais essayer d'esquisser.

Certes, sous Napoléon Ier, la France a fait la guerre avec l'Europe entière. Mais ce fut une guerre franche, loyale; et si le vainqueur ne fut pas toujours généreux, il ne fut jamais barbare. Nous commencions à porter haut et ferme le drapeau de la civilisation, et alors dans ses plis était écrit : Honneur oblige!

Depuis, la civilisation a dû marcher de même chez les peuples autres que les Français; vous le croyiez du moins, n'est-ce pas? Eh bien! non. C'était le onzième siècle qui se frayait une voie nouvelle en plein milieu du dix-neuvième, l'ère du progrès!

C'est vous dire que la guerre dont le tableau va suivre n'est plus le fait glorieux d'une nation policée, elle est le drame cruel, farouche et sanguinaire d'un clan de Caraïbes et de cannibales.

En présence du monde ancien et du nouveau monde frémissant de honte et de courroux, en cette année de l'ère chrétienne 1870, il s'est trouvé, dans les contrées septentrionales de l'Europe, deux hommes, non, deux sauvages, qui, dans leur incommensurable ambition, dans leur famélique gloutonnerie de pouvoir, et dans leur bestiale férocité, ont préparé, dans de longues et laborieuses méditations, agencé, disposé, revu et corrigé le plan le plus monstrueux de spoliation, de conquête, d'épuisement et de ruine, qu'un génie infernal puisse combiner.

L'astuce et la fourberie, les moyens les plus honteux et les moins avouables, l'espionnage et la trahison, ont été mis en œuvre par eux pour tromper l'Europe, et surtout la France, sur leurs projets hostiles, projets qui ne tendent pas à autre chose qu'à entasser les peuples du nord et de l'occident sous leur formidable étreinte.

Mais le chef-d'œuvre de leur tactique machiavélique fut d'acculer notre gouvernement dans une impasse où l'honneur semblait engagé, et de l'amener ainsi fort adroitement à leur déclarer le premier la guerre.

Toujours prête à tirer le glaive pour sauvegarder sa dignité, la France se croyait forte avec sa stratégie d'autrefois, et invincible avec ses 350,000 soldats.

Mais la Prusse, dans l'ombre, avec silence et mystère, en se dissimulant, comme le chat qui guette la souris, avait sur pied 1,200,000 hommes aguerris, qu'elle devait métamorphoser, à un signal donné, en 1,200,000 Peaux-Rouges!

Et alors commence une guerre inimaginable, toute de haine et d'extermination, durant laquelle les Allemands se livrent à de telle atrocités, à des crimes si monstrueux et si peu justifiés, que l'Europe en frémit d'épouvante.

A pareille collision, on peut et on doit donner un nom cependant.

L'histoire l'appellera le Duel de la Race Germanique avec la Race Franque.

En effet, la gloire séculaire de la race franque ou latine, et la honteuse jalousie de la race germanique, telle est la cause de cet effroyable débordement des passions humaines qui frappe l'univers d'épouvante et fait rétrograder la civilisation de vingt siècles.

Opprobre donc aux deux fauteurs de cette iniquité sans mesure! Aussi, dès le début, attachons ces deux misérables héros côte à côte, et aussi haut que possible, au pilori de l'infamie!

Infamie au roi Guillaume de Hohenzollern!

Infamie au chancelier Bismark.

Guillaume, ce corbeau du nord, et Bismark, ce renard des tanières de la Sprée, seront pour la postérité les deux vampires qui auront sucé avidement et avec jouissance le sang

des peuples; semé par haine la ruine et la misère sur les
contrées les plus florissantes.

Dieu et les hommes jugeront l'inflexible et rapace orgueil de l'un, et les insatiables appétits d'annexion de
l'autre.

Certes, voilà deux bandits couronnés qui auront plus fait,
eux seuls, pour flétrir et tuer le pouvoir impérial, le pouvoir royal, les tyrans en un mot, et appeler sur les princes
la haine et l'exécration des hommes, que toutes les théories
libérales, phalanstériennes, socialistes, républicaines, com-
munistes et autres !...

En effet, qui parlait d'un roi faisait penser à l'image de
Dieu sur terre. Dans un roi ne voyait-on pas le père des
peuples ? C'étaient la générosité, le pardon, la clémence, la
bonté, une âme bienfaisante, un cœur plein de mansuétude,
réunis sous une même enveloppe mortelle ! Ainsi apparaît à
nos souvenirs notre Henri IV, et d'autres encore.

De telles qualités dans Guillaume le corbeau, l'oiseau de
proie !... Une âme, un cœur dans son acolyte Bismark !...
Allons donc !

Non, hélas ! rien de tout cela chez nos ennemis.

Ecoutez les récits de leurs hauts faits; suivez-les dans le
sang qu'ils vont répandre ; ne redoutez ni la honte, ni l'infamie des vols, des exactions, des bassesses qu'ils vont commettre ; faites taire le dégoût, les nausées, l'horreur, la ré-
volte de tous les instincts; familiarisez-vous avec l'opprobre
de leurs actes dont ils sont coutumiers, et avançons-nous à
travers les hécatombes humaines, les tableaux de massacres
et d'égorgements, l'incendie et les rapines ; enfin, emboîtons
le pas avec les héros de cette épouvantable épopée de l'inva-
vasion de la Prusse en France et de la curée allemande de
1870-1871, et apprenez à les connaître!

Mais tout d'abord laissez-moi placer sous vos yeux, lecteur, le préambule, la préface de cette abominable tragédie.

II

La guerre contre la France est, depuis sept ans, le troisième drame sanglant que joue la Prusse, *amie de la paix et n'ayant aucun but de conquête*, ainsi que l'affirme l'hypocrite général de Moltke.

En effet, à en croire les diplomates prussiens, la Prusse a été entraînée trois fois à la guerre, contre son gré, par les provocations de ses ennemis qui violaient les droits sacrés de la nationalité allemande ou bien la dignité de la Prusse.

Ainsi, en 1864, la guerre a été amenée par la proclamation faite par le gouvernement de Copenhague d'un constitution qui avait le but *insolent* d'unifier la monarchie danoise, qui, depuis 1848, grâce aux efforts de la Prusse, menaçait de se diviser en deux. Comme si la monarchie danoise n'avait pas été dans son droit, et comme si la Prusse avait été contrainte d'intervenir dans ses affaires! C'est bien là l'histoire du Loup et de l'Agneau...

En 1866 encore, la Prusse, toujours bien contre son gré, se décide à se venger du *ton arrogant* avec lequel la Confédération allemande, l'Autriche en tête, a osé exiger l'observation d'une loi qui était commune à toute la Confédération.

Depuis 1866, la Prusse s'efforçait ouvertement de mettre la France au rang des puissances secondaires, et tout chacun sait comment la diplomatie de Berlin a su présenter *la Prusse comme une puissance paisible injustement provoquée à la guerre.*

Voilà ce qui saute aux yeux quand on compare les entreprises militaires de la Prusse pour les sept dernières années.

Son système, éventé maintenant, est de chercher toujours à disposer l'opinion publique de l'Europe en sa faveur, et de rejeter toute la responsabilité de la guerre sur son ennemi.

En outre, la Prusse disposait habilement toutes choses de manière que, avant d'éclater, la guerre était prévue par tout

le monde comme une nécessité indispensable. C'est une
rouerie, mais on s'y laisse prendre.

Ainsi, en Danemark, les ingérences continuelles de la
Prusse, à cause des *prétendues vexations* des Allemands du
Schelswig-Holstein, et l'agitation pangermanique adroitement soutenue dans les provinces de l'Elbe, devaient tôt ou
tard finir par une annexion de ces provinces à la Prusse, ou
par un effort désespéré, pour mettre fin à son influence des-
tructive.

De même, en 1866, l'insurrection armée de la Prusse contre la Confédération allemande était prévue depuis 1861,
quand, par sa dépêche du 27 novembre, le ministre des affaires étrangères de Prusse, le comte Bernstorf, déclarait par
l'organe du chargé d'affaires, M. de Savigny, au ministre de
Saxe, M. de Beust, que *le gouvernement prussien était décidé à remplacer l'ordre des choses établi par le congrès de
Vienne en Allemagne, par l'hégémonie de la Prusse.*

De même maintenant, en 1870, il était évident pour tous,
par les menées et les dires de la Prusse, que la guerre entre
elle et la France était inévitable, qu'elle devait éclater tôt
ou tard, et on peut même dire que la Prusse avait hâte de
trouver un prétexte, puisqu'elle a imaginé cette ridicule comédie d'un Hohenzollern demandé comme roi par les Espa-
gnols, sachant très bien que la France mettrait obstacle à ce
choix.

Ainsi, toutes les guerres qu'a faites la Prusse depuis 1864
jusqu'à 1870 ont été *prévues* et *inévitables.* C'est la Prusse
qui a été *provoquée,* dit-elle d'un air piteux, par la bouche
de ses diplomates et de ses orateurs...

Mais qu'est-ce qui est arrivé ensuite?

Le Danemark, en 1864, et l'Autriche, avec l'Allemagne,
en 1866, se sont trouvés non préparés pour la guerre, et pris
au dépourvu par cette Prusse *pacifique qui ne cherche pas des
conquêtes!*

Et maintenant, à notre tour, aux yeux de toute l'Europe, c'est la France qui est le *provocateur!*

Mais les événements démontrent actuellement que la France, *provocatrice et conquérante,* ainsi que le prétendait la Prusse, n'était même pas préparée pour se défendre.

La Prusse, au contraire, toute armée, concentrait en un clin d'œil, sur sa frontière, des masses de troupes comme il n'y en a pas d'exemple dans l'histoire, masses innombrables exigeant d'immenses approvisionnements de toute espèce et des moyens de transport excessifs.

Or, tout cela était déjà sur la frontière huit jours après la déclaration de la guerre, et à tout cela la France oppose des troupes disséminées, non complétées, et qui manquent même de cartouches dans le feu du combat...

C'est bien là la répétition de ce qui s'était passé en 1864, en Danemark, et en 1866, en Autriche, dans le Hanovre, à Nassau, Darmstadt, Hesse-Cassel, à Bade et en Bavière...

Ainsi, partout la Prusse est parvenue à abuser ses ennemis, non-seulement sous le rapport de ses forces, mais aussi quant aux forces dont ils pouvaient disposer; elle est arrivée non-seulement à endormir leur vigilance politique ou militaire, mais aussi à inspirer aux gouvernements ennemis la défiance dans les organes de la presse nationale.

Dans de telles conditions, que peuvent faire le courage de l'armée et l'énergie de la nation? Certes, l'histoire ne pourra reprocher à la France de 1870 l'absence ni de l'un ni de l'autre. Elle appréciera les malheurs actuels de notre pays d'un point de vue plus élevé. Toute la responsabilité sera mise par elle sur le compte des hommes politiques français qui se sont laissé aveugler par la Prusse, et par ses promesses, et qui l'ont laissée faire depuis 1866.

En vérité, la parole d'un diplomate n'est rien si elle n'est appuyée sur la force armée du pays. Napoléon III l'a oublié en entreprenant une action diplomatique dans le but de s'opposer à un vainqueur armé de pied en cap, et d'obtenir des promesses de ce même Bismark, qui payait par Kœniggraetz la confiance avec laquelle l'Autriche l'avait aidé à piller le Danemark.

Au moment des négociations de Nikolsbourg, si l'empereur des Français avait pu disposer d'une armée de 150,000 hommes, au moins, sur le Rhin, la voix de la France aurait été respectée, et il n'y aurait pas eu de raison pour une paix armée de quatre ans, — ni pour la guerre actuelle!

Donc, dans les premiers jours de juillet 1870, l'Europe et la France sont encore endormies au sein d'une tranquillité complète, et notre patrie a tellement confiance dans l'avenir, que la diminution du contingent militaire est adoptée par ses représentants, lorsque, tout-à-coup, dans le ciel serein de la politique, retentit une explosion formidable.

Le 6 du même mois, le ministre des affaires étrangères, M. de Gramont, annonce aux Chambres la candidature d'un prince de Prusse au trône d'Espagne, candidature offerte par le général Prim en quête d'un souverain, acceptée par Léopold de Hohenzollern, et sanctionnée par l'autorité du roi de Prusse.

L'émotion est grande dans toute l'Europe à cette nouvelle. La Prusse veut-elle donc occuper désormais toutes les contrées de l'Occident?...

En effet, le pirate Bismark a déjà pris :

Au roi de Hanovre, et à d'autres princes allemands, leurs sceptres, leurs couronnes et leurs provinces;

Ses trésors, à la ville de Francfort écrasée par le despotisme et les armes de la Prusse ;

Au Danemark, le Schleswig et le Holstein;

Il a voulu s'emparer des ports et des colonies de la Hollande ;

Il a mis l'Autriche au ban de l'Allemagne, en la plaçant sous le joug conquis à Sadowa ;

Son appétit pantagruélique d'annexions et de conquêtes lui fait convoiter la Bavière, le Wurtemberg et le duché de

Bade, qui désormais sont acquis à la soumission absolue aux exigences de la Prusse ;

Enfin, le même chancelier fédéral veut faire de la Baltique un lac prussien ;

Et, de la Méditerrannée, une mer prussienne.

Maintenant c'est à la France, que la Prusse hait et jalouse, à la France, reine de l'Europe, et à Paris, la capitale du monde, que M. le comte de Bismark va s'adresser. Plongeant sur notre chère patrie son œil de vautour, il songe à pousser nos citoyens français, si ardents, si facilement inflammables, à une guerre qui deviendra une guerre de race, la lutte de la race germanique contre la race gauloise, afin de l'asservir et de régner en despote, sans contrôle à craindre, sur l'Occident vaincu.

Le moyen de mettre le feu aux poudres françaises, c'est de menacer la France d'un roi prussien assis sur le trône de l'Espagne !

L'épouvantail est bientôt trouvé... Prim se fait le comparse de l'ogre de la Sprée. Aussitôt, on fait cabrioler sous nos yeux, comme un pantin dangereux pour ses voisins, le prince de Hohenzollern-Sigmaringen. Nous nous fâchons... alors, la diplomatie est mise en jeu. Notre ambassadeur, une pauvre tête, va trouver le roi Guillaume, à Ems. Celui-ci insulte le représentant de la France, et aussitôt le dénoucment de cette ignoble comédie, qui a pour objet de nous amener à une déclaration de guerre, a lieu comme Bismark l'a prévu...

Pauvre honneur national ! on le met en avant dans cette triste tragédie. Mais pour le défendre, cet honneur national, pour le protéger, afin de porter haut et ferme notre étendard aux trois couleurs, il faut des armes, des légions, des ressources... Or, la France n'est pas en mesure de lutter...

Dieu, qui sans doute veut nous punir, Dieu permet que les aveugles et criminels dépositaires du pouvoir nous trompent.

— La coupe de l'outrage déborde! s'écrient-ils. Pour laver l'injure qui nous est faite il faut du sang, il faut la guerre, une guerre sainte, une guerre nationale!...

Et la France acclame la guerre, à la voix de l'Empereur Napoléon III; oui, la France, d'une voix unanime, veut entamer la lutte, car on lui dit qu'elle est en mesure de se mettre en ligne contre l'orgueilleux ennemi qui la brave et l'insulte.

Odieux, exécrable mensonge!

La France compte à peine 337,000 soldats sous les drapeaux. Ses places fortes ne sont point préparées au conflit qui menace. Vivres et munitions font défaut...

Ainsi trompée, trop crédule, notre pauvre France s'élance sur les bords du grand fleuve qui nous sépare de la Prusse, le Rhin, jadis témoin de nos exploits, et là, elle se trouve en face de l'ennemi, dissimulé dans les bois, selon sa tactique frauduleuse.

Cruelle déception! la Prusse se présente enfin au grand jour, et alors on reconnaît qu'elle arrive avec des armées de 1,200,000 guerriers, suivis d'une artillerie formidable...

C'est avec une pareille inégalité de forces qu'il va falloir combattre. La lutte s'engage néanmoins; elle est terrible. Mais que peuvent la vaillance et la *furia francese,* si redoutables toujours, contre des nuées se renouvelant sans cesse de hardis soldats? En effet, dans chaque bataille qui se livre, nous nous mesurons dans une proportion telle que les Prussiens sont 6, 8, 10 contre un seul Français.

Honneur à la lâcheté prussienne!...

III

« La Prusse est le péché de l'Europe... a dit un publiciste fameux. » Née du protestantisme, son premier établissement lui fut fait par l'apostasie. Elle a grandi dans le délire et par la complicité de l'impiété philosophique.

» Après Albert de Brandebourg l'*apostat,* son second fondateur est Frédéric l'*athée*. Le principal ministre de ce Frédéric, pour tromper et corrompre l'opinion, fut Voltaire; c'est tout dire...

» On a continué de dire chez nous que la *Marseillaise* vaut une armée; oui, une armée sur le boulevard; quant à l'ennemi, juste l'équivalent d'une armée sur le papier... »

Lorsque ce Frédéric, que la Prusse reconnaissante a nommé un grand homme, et que M. de Maistre se contente d'appeler un *grand Prussien*, se mit à voler la Silésie à Marie-Thérèse d'Autriche, l'ami de Voltaire et des encyclopédistes n'avait aucune raison à donner à l'Europe étourdie; il larronnait, il pillait, il se posait en pirate.

Bismark, l'homme qui résume en lui la politique prussienne, n'a rien inventé; il se borne à copier Frédéric II l'*impie*. Comme ce mécréant immonde, il vole, pille, il fait de la piraterie, par les mêmes moyens violents et expéditifs.

— Avant Sadowa, s'écrie l'ogre de la Sprée, il n'existait ni une Allemagne, ni une Prusse. L'unité manquait à la première, et une frontière à la seconde. Grâce à une bataille unique, j'ai sur l'Allemagne une tête, la Prusse; j'ai créé l'unité, et je ressusciterai l'empire de Charles-Quint au profit de Guillaume.

Tel est le plan du comte de Bismark.

Quant au roi dont il prétend faire un empereur, un mot le peint et le révèle :

C'est le type le mieux réussi de souverain autoritaire. Certes, ce n'est pas lui que la défaite et le massacre de ses soldats stupéfieront. Le soldat prussien n'est-il pas fait pour être sacrifié?... Aussi, c'est avec une douce sérénité que ce bon roi Guillaume prend la plume, le soir d'une défaite, pour écrire à sa femme Augusta : « Tout va bien! » Il a perdu 8 ou 10,000 hommes; ses ambulances sont encombrées de bléssés; mais il faut que la Prusse soit rassurée, et alors il écrit à Augusta : « Tout va bien!... »

Le fonds de la pensée de cet esprit orgueilleux et retors, le voici :

— L'Allemagne a la force physique, l'Allemagne a la force intellectuelle, elle doit être l'épée qui détruira la France corrompue, la hache qui frappera le catholicisme gangrené...

Mais pour arriver à ce développement du protestantisme pangermanique, il faut de l'argent. La France seule en possède assez ; c'est la caisse de l'Europe. Les Parisiens ont à la banque des milliards qui m'attendent. J'en imposerai 7 ou 8 autres sur les Français, payables à de courtes échéances, d'abord ; puis, en nous en allant, je retiendrai l'Alsace et la Lorraine, dont préliminairement j'aurai aspiré toute la substance et épuisé toutes les ressources.

Après mes fusillades de paysans, de jeunes filles, de religieuses, qui osera bouger ?

Un vaste empire ne peut être vraiment grand sans une grande marine pour dominer toutes les mers. Je prendrai la belle et puissante marine française.

Je m'emparerai ensuite du Danemark et de la Hollande. La Prusse, par ainsi, sera maîtresse de la Baltique.

Après quoi, l'Autriche annexée, absorbée, je prendrai l'Adriatique.

Afin de me rendre possesseur de la Méditerranée, je soumettrai l'Italie, qui n'est qu'une esclave. N'est-ce pas là que règne le Pape, cette idole surannée qui fanatise les populations et empêche le domaine de la raison de s'étendre ?

Alors, seulement, alors la nation allemande tiendra le rang où elle aspire, et dont Bismark et moi nous sommes seuls dignes d'être les caciques et les seigneurs...

Doutez-vous, chers lecteurs, que ce soit là le plan du roi Guillaume ? Lisez cette lettre d'un certain colonel prussien :

« Un de nos nombreux compatriotes, à Paris, vous remettra ces quelques mots à vos rodomontades françaises, qui excitent dans notre camp une hilarité aussi bruyante qu'une de nos bombardes.

» Je vous jure sur l'honneur de vous payer 20,000 francs, si mon régiment ne défile pas devant votre maison de Paris, avant le 14 septembre 1870.

» Savez-vous d'où nous vient la certitude de vous vaincre ?

» C'est parce que nous avons l'appui moral de l'Europe.

» C'est ensuite à cause de la supériorité de notre artillerie.

» Troisièmement, parce que nous voulons tous l'unité germanique. L'idée des annexions ne vient-elle pas de Napoléon III, qui a eu pour imitateurs MM. de Cavour et de Bismark ?

» En quatrième lieu, nos soldats sont bien commandés, et nous n'avons pas chez nous de divisions d'intérêts, de principes politiques, et point d'insubordination comme vos gardes mobiles, que nous craignons moins que des collégiens. Chacun de nos soldats possède l'instruction d'un de vos officiers.

» Enfin nous serons vainqueurs parce que nous combattons pour la civilisation, c'est-à-dire pour l'émancipation de l'homme par l'instruction.

» Croyez-moi : l'avenir appartient aux races septentrionales ou protestantes... »

Ainsi, Français, nous voilà prévenus. Heureusement les paradoxes ne font pas défaut à ce factum.

La même lettre tire les conclusions suivantes, à l'occasion de la prétendue décadence des races latines :

« Voyez un peu : au premier Napoléon, nous et l'Europe, nous avons repris les conquêtes de la République.

› Au deuxième Napoléon, nous prenons un neuvième de votre pays, sans parler des frais de guerre qu'il faudra nous solder.

» Dieu sera avec ceux qui veulent le progrès, c'est pourquoi le ciel vous délaisse... »

Dieu! Il ose nommer Dieu, l'infâme!... Croit-il seulement en Dieu?...

Idées de rêveurs et de mystiques, cet impie langage..... Espérons que Dieu, le vrai Dieu, sera avec nous. Toutefois, ce qui malheureusement est certain, c'est que les hommes d'action destinés à mettre en pratique la plus modeste partie de ces projets... ont la main furieusement dure. Je vais vous le dire, le cœur serré, car tout ce que j'ai à vous raconter du passage des Prussiens en Alsace et en Lorraine est navrant... Nous y arriverons tout-à-l'heure. Jusque-là, j'ai besoin de vous entretenir encore de nos ennemis, au point de vue du caractère.

M. V. Cherbuliez a dit de la race prussienne :

« Race étrange, très appliquée à ses devoirs, dévouée au bien de l'Etat, lui sacrifiant ses fantaisies et ses plaisirs, un peu raide d'allures et très souple d'esprit, d'une raison courte, mais exacte et saine, à l'âme droite, au cœur pieux, aux mains prenantes, et dont la devise est sans doute : *Ora et labora,* travaille, prie et... prends! »

En effet, pour prendre et garder, la Prusse a quatre mains, un souverain très avide et un politique très audacieux.

A l'ouverture de la campagne de 1866 contre l'Autriche, le roi Guillaume, outre les 500,000 hommes de son armée, en avait un de plus, Bismark, lequel valait à lui seul tous les autres. Bismark était la tête qui combinait les plans de grandeur, d'ambition et de spoliation ; le bras qui les exécutait ; le levier qui allégeait les poids trop lourds de la conscience du royal maître ; le bandeau placé sur les yeux du souverain, en cas de vertige, dans cette prodigieuse ascension de la fortune de Hohesnzollern. Tête, bras, levier, bandeau, tout le Bismark-Shœnausen était et est encore de la race des habiles, des audacieux et des persévérants qui, nés pour porter la clochette du bélier à la tête d'une nation, conduisent le troupeau humain où il leur plaît.

Dans la situation tout à la fois puissante et dépendante de

ce violent Bismark, le difficile n'était pas de conduire le troupeau, mais de tracer la route du berger, l'y engager résolûment, de telle sorte qu'il ne pût ni revenir sur ses pas, ni, en cas de panique, se jeter à travers champs. L'adroit compère réussit dans ce plan hardi, car la vanité royale prêtait à la tromperie chez le vieux Guillaume. Toutefois, pour le tenir en haleine et le pousser sur le chemin de son ambition, il devenait nécessaire, indispensable d'entretenir les inquiétudes du roi, de mettre en jeu ses intérêts et de faire parler haut l'orgueil de sa race.

Il fallait lui montrer, dans la Prusse découverte, la Silésie, Posen ou la province rhénane enlevée par un coup de main. C'était le tableau vu dans l'ombre. Eclairé, ce même tableau devenait tout autre. Dans la Prusse rectifiée, fermée par des frontières naturelles et appuyée sur de petits princes allemands devenus de grands vassaux prussiens, le décor changeait comme par miracle, et devant les regards avides du vieux monarque passait et repassait le jeune empire d'Allemagne. Sans aucun doute, c'était une grosse partie ; mais l'heure était venue de la jouer et de la gagner.

— L'Italie, disait le chien de Guillot, donnait ses soldats et la France ses sympathies. L'Autriche, enveloppée, serrée à la gorge par un cordon d'adversaires déclarés et de voisins suspects, commettait la lourde faute d'enfermer une armée admirable dans le quadrilatère et la Vénétie, quand l'effort de la lutte allait s'engager au cœur de ses Etats.

Sur cette question d'une rencontre formidable entre l'Autriche et la Prusse, le roi hésitait bien à s'entendre avec son ministre.

Ils se comprirent enfin cependant. La guerre eut lieu et la brillante victoire de Sadowa donna gain de cause à M. de Bismark.

Depuis cet heureux moment, cet envahisseur sans paix ni trève ne vécut plus que de la pensée d'attaquer la France, d'humilier la France, d'annihiler la France, de la réduire au silence et de la mettre au rang de vassale. Il employa 1867, 1868 et 1869 à préparer cette guerre, et pour ajouter au prestige de la mise en scène, il jura qu'il amènerait son ennemie à déclarer elle-même l'ouverture des hostilités.

Pauvre France ! elle avait les yeux fermés. Et pendant que la Prusse armait ses 1,200,000 hommes, elle faisait des loisirs à ses 337,000 soldats. Aussi quel réveil lorsque le prince de Hohenzollern-Sigmaringen fut signalé à l'horizon comme le météore dangereux qui allait tout mettre en feu.

Sur la parole du ministre de la guerre, notre patrie crut pouvoir affronter le péril du conflit, à demi caché dans les vantardises d'une nation affolée de gloire. Et comme on hésite peu, en France, quand il s'agit de l'honneur national, Napoléon III, fauteur de la criminelle et stupide assurance donnée aux Chambres par le maréchal Le Bœuf, envoya le cartel au disciple du moderne Machiavel.

C'en était fait ; le sort en était jeté désormais, et notre pays, trompé, berné par ses chefs, allait s'exposer à une lutte dont il ne comprenait ni la perfidie ni les épouvantables dangers

IV

La levée en masse et les enrôlements volontaires de 1792 furent un admirable élan patriotique. L'histoire n'a rien vu et rien dit de plus beau que l'enthousiasme de ces soldats impovisés improvisant la victoire en courant aux frontières sans souliers et crevant de faim ; mais ne nous y trompons pas. A de tels efforts il faut le concours des circonstances, dont le retour ne favorise pas deux fois un grand peuple dans la même situation critique.

Les quatorze années de la République enfantèrent, à l'heure de graves périls, des hommes d'action dont quelques-uns avaient le génie de la guerre : au premier rang il convient de placer Hoche et Marceau. L'impétuosité française qui allait créer des procédés rapides et un art nouveau, déconcerta la lente et savante stratégie des tacticiens classiques de l'école du philosophe Frédéric.

Aujourd'hui, la chose a changé encore. Les chemins de fer, substitués aux étapes, sont les jambes du soldat. Les fils électriques deviennent les aides-de-camp chargés de transmettre aux généraux les ordres du généralissime. Et puis à la baïonnette on a donné pour successeur les terribles engins de précision à grande portée du fusil à aiguille et du chassepot. Enfin les mitrailleuses ont pour office de faucher ce que le canon laisse debout. De sorte que l'on ne se bat plus : on se tue à distance et quelquefois sans se voir. La bataille n'est plus qu'une boucherie, un massacre, une tuerie, horrible et sacrilége hécatombe humaine!

En 1870, néanmoins, si les circonstances ne sont pas les mêmes, l'enthousiasme est grand, et innombrables sont les enrôlements. Seulement les armées nouvelles, composées en partie de jeunes gardes mobiles inexpérimentés, habitués aux douceurs de la famille, détestant le frein de toute autorité, selon l'esprit du siècle, pourront-elles lutter avec avantage contre les armées de la Prusse, parfaitement dressées tout exprès contre la France? D'autre part, chose inouïe, qui fait rougir de pudeur et qui atteste l'incurie et peut-être la trahison des gouvernants, les armes manquent... Aussi l'irritation contre le pouvoir devient croissante chaque jour, et une révolution semble imminente. Comment ne pas se révolter quand on nous annonce pompeusement jusqu'à 3,000,000 de fusils, et qu'il s'en trouve à peine quelques centaines de mille dans les arsenaux? Ce qui comprime seul l'explosion de cette révolution, c'est la certitude, donnée par une prise d'armes de misérables soudoyés par la Prusse, dans la Villette, où ils attaquent différents postes. Toutefois on ne se gêne pas pour accuser l'Empereur, que l'on contraint à quitter le titre de généralissime dont il s'est affublé, et à en revêtir Bazaine, qui a fait ses preuves. Il est même sourdement question de la déchéance du pouvoir. Ainsi, M. Gambetta déclare nettement à la tribune qu'une Chambre qui ferait passer le salut de la dynastie napoléonienne avant le salut de la nation n'est pas une Chambre patriotique.

D'autre part, les efforts de cette Chambre pour aviser au salut du pays se consument en paroles inutiles et ridicules. A cheval sur leur dada révolutionnaire, les républicains de l'extrême gauche ne rêvent plus que *Convention* et *Comité de Salut public.* Acceptons un moment cette Convention, ce souverain implacable et terrible aux 300 têtes, aux 600 bras, qui, semblable au Jupiter antique, doit, rien qu'avec un froncement de sourcils, faire trembler l'Europe et disperser les armées prussiennes. Mais de quelles âmes de feu et de quels cœurs intrépides la peuplerez-vous, cette Convention ? Certes, ce ne sera pas dans la robe des avocats beaux parleurs de 1870 que vous taillerez l'étoffe des rudes conventionnels de 1792 !

Pendant que nos soldats opposent en Alsace et en Lorraine les murailles de leurs poitrines aux balles de Bismark, savez-vous de quelles motions patriotiques et de salut public ces grands enfants font retentir une tribune française ? Le vieux Raspail à leur tête, et en queue M. Jules Simon, ils y portent des préoccupations et des rancunes de libres-penseurs. Au lieu d'être, de cœur et de pensée, avec ceux qui écrasent l'invasion, rétrogradant d'un siècle et s'enrôlant dans l'armée de Voltaire, *ils écrasent l'infâme* !... Quel à-propos, et surtout quel courage ! La France lève des soldats ; ils prétendent, eux, lever des séminaristes ! O la spirituelle malice !

Et notez, en passant, que le défenseur des assassins et des chourineurs, de Tropmann et de Le Maire, celui qui veut à tout prix effacer du code la peine de mort pour ceux dont la main s'est trempée dans le sang de leurs pères, de leurs mères, de leurs frères, de leurs semblables, en tout cas, il veut absolument que les séminaristes courent au trépas, eux qui se destinent à la prédication de l'Evangile du Dieu de paix !

Cela ne fait véritablement pas honneur à la délicate susceptibilité des entrailles humanitaires de M. Jules Simon. Car, en toute vérité, n'est-ce pas une question futile de savoir s'il est bon que les séminaristes, à l'heure du péril pour tous, troquent la soutane contre l'uniforme? A quoi bon l'uniforme d'ailleurs. « Un fusil, dit M. B. Jouvin, dans de remarquables écrits insérés au *Figaro*, un fusil peut suffire à l'homme de cœur, et le courage n'a pas besoin de livrée. Quand on sait comment les Sœurs de charité se comportent sur le champ de bataille, on peut croire que les Frères ne s'y montreraient pas moins héroïques. Les uns et les autres appartiennent, là-haut et ici-bas, à un Dieu qui apprit, par son exemple, à ses fils à bien mourir... Ils savent de plus que les balles prussiennes ne tuent point l'âme immortelle, et que ce qui est divin dans l'homme ne saurait périr. Les affreux petits matérialistes, qui s'escriment de la langue et de la plume, et qui n'ont pas une *vie de rechange,* ont de bonnes raisons pour tenir à leur... charogne. Mais il n'en est pas de même des croyants... Faut-il le dire? C'est avec les cœurs des martyrs que se font les cœurs des héros, et la patrie en danger a plus de chance de rencontrer un de ces cœurs-là sous la soutane du séminariste... que sous la robe de certains... avocats... »

Le même publiciste ajoute, en forme de conclusion :

« Donc, ô grands avocats de la gauche, videz les séminaires en attendant l'heure de les démolir... tournez le dos au péril, qui est à Berlin, pour écraser à Rome un vieillard désarmé et livré à vos excellents frères en Garibaldi et en Mazzini !... Vous êtes tout-à-fait à la hauteur de votre rôle et de votre patriotisme; vous évoquez le fantôme de la grande Convention pour faire de petites niches à Dieu et au gouvernement... Conventionnels, vous?... allons donc ! tenez, M. Keller lui-même vous a surfaits en vous nommant des *Byzantins,* car ces *Byzantins,* qui ergotaient quand il fallait se battre, savaient au moins la grammaire... »

Assurément on ne peut qu'applaudir à un aussi généreux langage. M. Jouvin a d'autant plus raison que le clergé n'est pas en retard pour faire preuve de dévoûment. Tous les évêques, toutes les congrégations religieuses, tous les catholiques de France et de Navarre, et ils sont nombreux, aussi bien que les plus ardents patriotes, offrent et disposent en ambulances leurs séminaires, leurs couvents, leurs châteaux, leurs maisons, leurs chaumières, et, pour soigner les blessés qu'on leur envoie, leurs prêtres, les frères, les sœurs, leurs familles.

D'ailleurs, sur les champs de bataille ne voit-on pas la robe noire des nombreux aumôniers de l'armée ponctuer le sol rougi par le carnage et le sang, se courber sur les mourants, et ces hommes ne leur prodiguent-ils pas alors les suprêmes consolations de la religion ; ne reçoivent-ils pas leurs derniers adieux pour ceux qu'ils ont aimés; ne les aident-ils pas à mourir, ne ferment-ils pas leurs yeux aux douleurs de l'humanité? Certes, ce devoir a ses périls, et il demande autant de courage pour guérir les plaies de l'âme sur un pareil théâtre que pour faire les blessures aux corps à l'aide du chassepot... L'autre jour encore, Paris regardait avec une vive émotion défiler sur les boulevards une petite armée de 300 prêtres, le sac au dos, le bâton à la main, se diriger vers la gare de l'Est pour de là courir sur les bords du Rhin.

Lorsque le 8 août, au matin, le R. P. de la Trappe des Dombes connut le fatal résultat de la bataille du 6, et que les Prussiens campaient sur le sol français, il réunit tous ses religieux pour leur dire que la patrie est en danger, et que, dans ce moment suprême, le premier de tous les devoirs était d'aller la défendre. Tous lui répondirent qu'ils étaient prêts. Alors en effet, tous les valides, au nombre de quarante-deux, furent désignés pour aller à la frontière, au secours de leurs frères qui se battent si vaillamment. Immédiatement un frère fut dépêché à Lyon pour y acheter des vêtements séculiers; puis, ils partent, joyeux et allègres. Ceux que leur âge ou les infirmités retiennent au monastère, demandent à faire le service de la garde nationale.

Ainsi, des hommes qui, en temps de paix, travaillent à faire fructifier le sol ingrat et inhabitable de la plus mauvaise portion des Dombes, demandent comme une faveur de voler au secours de la patrie à l'heure du danger. Ils méritent donc bien eux aussi d'être mis au nombre des véritables et bons citoyens...

Laissez donc tous ces *hommes noirs* accomplir leur tâche sacrée dans l'ombre et le silence, sans bulletins de victoire, avec la modestie qui convient aux véritables dévoués, et sachez, messieurs les byzantins, que les prêtres ont un cœur et une âme qui pense, raisonne et aime, aussi chaleureusement que vous, sous la ceinture et le rabat d'un uniforme qui vous est peu sympathique, parce que sa vue est la condamnation de votre matérialisme à vous !

N'allez pas croire que le Français, tout frondeur qu'il soit, n'ait pas de croyances ni de foi religieuse. Vous avez bien fait tout ce qu'il fallait faire pour les en dépouiller, mais Dieu est plus fort que vous. Donnez-vous donc la peine d'entrer une fois dans n'importe quelle église de Paris, et contemplez ces vétérans blanchis sous le harnais, comme les jeunes soldats espoir de la nation. Ils s'agenouillent sans vergogne devant celui qui fait les forts, en présence du Dieu des armées. Acceptez dès lors cette preuve que la Religion que vous nommez *l'infâme,* à l'exemple du Voltaire auquel vous dressez des statues, et que vous prétendez écraser, vit encore, et à tout jamais vivra dans les nobles poitrines des enfants de la France.

Un vieux chevronné de la ligne disait hier en sortant de Notre-Dame-des-Victoires, et en parlant de la Vierge :

— Nous sommes venus prendre congé d'Elle, avant de lui donner quelques victoires de plus...

Il est possible que ces victoires ne viennent pas; mais on peut affirmer que celui dont la bouche a prononcé ces paro-

les simples et sublimes se battra comme un lion et ne mar-
chandera pas sa vie.

Donc, je le répète, le dégoût nous prend quand on entend,
par exemple, M. E. A*** , dont la voix grossit avec l'orage,
venir demander au nom des électeurs de la 8e circonscription
de la Seine qu'on ne puisse plus se réfugier dans les séminaires pour échapper aux obligations qu'impose le salut du
pays. Oui, oh! oui, le dégoût vous prend. Ce n'est pas de la
colère, ce n'est pas du dépit, ce n'est pas de l'indignation,
ce n'est pas même de la douleur : non, c'est du dégoût!

Ceux qui voient ces scènes intimes de la Chambre, savent
à quoi s'en tenir, en présence de ces 300 représentants du
pays qui sont obligés de prêter l'oreille à de misérables ex-
pressions de haine.

La France est envahie, et l'on se querelle! La France est
saignante, et certains hommes se complaisent à verser leur
petit vinaigre sur ses plaies. Des cris de récriminations, des
absurdités, des injures, des menaces, des rixes, voilà le
spectacle qu'on donne, à pareille heure, à la patrie submer-
gée par un déluge d'ennemis.

Héros de la Lorraine et de l'Alsace, victimes de nos premières batailles, martyrs du canon prussien, telles sont les
funérailles que l'on vous fait! vos grands dévoûments ali-
mentent leurs passions. D'un geste de la main ils vous envoient mourir, et votre mort elle-même sera le prétexte de
leurs disputes!...

Hélas! la nausée monte, dit Sénèque; on en a plein le
cœur et plein la bouche : *Hujus rei fit aliquando nausea!*...

Mais élevons nos âmes et donnons à nos cœurs un recon-
fort. De tous les points de la France, des voix généreuses
annoncent des dons patriotiques en faveur de notre armée,
de ses blessés, des femmes et des enfants de nos braves soldats. Depuis le comte de Chambord, qui met le château dont
il porte le nom à la disposition des ambulances; depuis les
évêques qui offrent leurs palais et leurs séminaires, dans ce

même but, jusqu'aux plus modestes résidences de nos campagnes, il n'est pas un Français qui ne veuille contribuer au salut du pays.

Et puis les bourses s'ouvrent, et les millions pleuvent.

Enfin, et surtout, les temples du Dieu des armées sont envahis par des milliers de fidèles, et entourés les autels de la Vierge-Mère... L'*Etoile de la mer*, invoquée par des âmes ferventes, nous rend la ferme espérance que notre patrie sera sauvée et arrachée, saine et entière, aux mains des modernes Barbares...

V

Avant d'entrer en campagne, le roi de Prusse prononce au Reichstag de la Confédération du Nord un discours qui est la continuation du système de mensonges inauguré par son maître Bismark. D'après le vieux Guillaume, les violences partent du côté de la France, comme si la candidature du prince de Hohenzollern au trône d'Espagne était un fait que l'on pût cacher.

Lisez ces quelques extraits, et jugez de la machiavélique hypocrisie qui les inspire :

« Nous avons, d'un regard calme et clair, mesuré la responsabilité qui, devant le jugement de Dieu et des hommes, incombe à celui qui pousse à des guerres dévastatrices deux grands et paisibles peuples habitant au cœur même de l'Europe. Le peuple allemand et le peuple français, ces deux peuples qui jouissent, chacun au même degré, des bienfaits de la civilisation chrétienne et d'une prospérité croissante, et qui aspirent à ces bienfaits, sont appelés à une lutte plus salutaire que la lutte sanglante des armes. Mais les hommes qui gouvernent la France ont su, par une fausse politique calculée, exploiter pour leurs intérêts et leurs passions personnels l'amour-propre légitime, mais véritable, du grand peuple qui est notre voisin.

» Plus les gouvernements confédérés ont la conscience

d'avoir fait tout ce que leur honneur et leur dignité leur permettaient de faire pour conserver à l'Europe les bienfaits de la paix, plus il est évident, aux yeux de tous, que l'on nous a mis le glaive à la main, et plus grande est la confiance avec laquelle, nous appuyant sur la volonté unanime des gouvernements allemands du sud comme des gouvernements du nord, nous nous adressons au patriotisme et au dévoûment du peuple allemand, pour le convier à la défense de son honneur et de son indépendance.

» Suivant l'exemple de nos pères, nous combattrons pour notre liberté et pour notre droit *contre la violence de conquérants étrangers*, et dans ce combat, *où nous ne poursuivrons pas d'autre but que celui d'une paix durable*, Dieu sera avec nous comme il a été avec nos pères... »

Telle est la mystification que sert à la Chambre prussienne le Tartufe couronné !

Vous voyez que ce n'est pas à titre de *conquérant* que le royal orateur prétend se jeter sur la France, puisque c'est nous qu'il accuse de venir chez lui avec des intentions de conquêtes. Il fait mieux encore dans la proclamation qu'il fait afficher dans toutes les provinces de l'Est, à son entrée sur notre territoire : il déclare que *ce n'est point à la France qu'il fait la guerre,* mais *bien au pouvoir qui pèse sur nous et nous dirige...*

Voici cette proclamation royale et hypocrite :

« Nous, Guillaume, roi de Prusse, faisons savoir ce qui suit aux habitants des territoires français occupés par les armées allemandes.

» L'Empereur Napoléon ayant, par terre et par eau, attaqué la nation allemande, qui désirait et désire vivre en paix avec le peuple français, j'ai pris le commandement des armées allemandes pour repousser cette agression, et j'ai été amené par les circonstances de la guerre à passer la frontière de la France.

» Je fais la guerre contre des soldats et non contre des citoyens français. Ceux-ci, par conséquent, continueront de jouir de la sécurité pour leurs personnes et leurs propriétés tant qu'eux-mêmes, par des tentatives hostiles contre les troupes allemandes, ne m'ôteront pas le droit de leur accorder ma protection. Par des arrangements spéciaux, qui seront dûment portés à la connaissance du public, les généraux commandant les différents corps détermineront les mesures à prendre envers les communes ou les individus qui pourraient se mettre en opposition avec les usages de guerre. De la même manière, ils régleront tout ce qui concerne les réquisitions qui pourront être jugées nécessaires pour les besoins des troupes, et ils fixeront le taux du change entre les monnaies françaises et allemandes, afin de faciliter les transactions individuelles entre les troupes et les habitants. »

Maintenant, ce code bismarkien à la main, allez juger, peser et apprécier comment les choses se sont passées à Nancy, à Saverne, à Beaumont (Oise), partout, en un mot...

A Versailles, MM. les Prussiens n'exigent-ils pas 55,000 cigares par jour, et des cigares fins encore, des londrès !...

Vous jugerez plus tard de la sincérité de ces paroles. Pour le moment contentez-vous d'en garder le souvenir.

Mais permettez-moi de vous dire à l'avance que c'est avec de telles idées de conquêtes et d'annexions que l'âpre Guillaume tire le sabre du fourreau contre notre chère patrie; que, depuis dix ans, son astucieux ministre a organisé en France, à Paris surtout, puis dans toutes nos places fortes, dans nos grandes cités, dans nos villes de moindre importance, dans nos campagnes, sur nos routes, nos chemins de fer, nos côtes, dans nos forêts, au sein de nos administrations, dans les ministères, les municipalités, en plein cœur de la société parisienne, un immense et très habile système d'espionnage et un inextricable réseau d'espions.

Oui, ce Méphistophélès à casque de cuir a mis depuis dix ans sous sa griffe, par l'envoi dissimulé le plus frauduleusement possible d'hommes fort adroits, cachés sous les noms les plus aristocratiques, couverts, estampillés des titres les plus honorables, horde satanique divisée par escouades; il a mis sous sa griffe tous les secrets de nos finances, de nos armées, de nos voiries, de nos ports, de notre marine, de notre commerce, de notre industrie, de nos richesses forestières, ainsi que les arcanes les mieux voilés, les plus tenus dans l'ombre et l'obscurité; il se les fait donner, il les possède tous, il les tient, ne les lâche pas, et s'en sert.

Tel général, reçu dans le meilleur monde de Paris, de nos villes de marque, à qui tout chacun, à raison de son amabilité, de sa distinction, de ses manières affables, de sa bonne renommée apparente, faisait le plus gracieux et le plus amical accueil, n'est autre qu'un espion dressant les plans les plus minutieux de nos forteresses, pénétrant dans nos arsenaux pour en cataloguer les ressources, prenant note de nos richesses artistiques au sein de nos musées, etc. Tel officier supérieur, également amène, traînant tous les cœurs après soi, grâce à son teint de lis et de roses, à sa blonde chevelure, à sa bouche en cœur, n'est autre non plus qu'un espion préparant les cartes les plus exactes de nos grandes routes, de leurs tenants, de leurs aboutissants; des villes qu'elles traversent; des bois qu'elles sillonnent; des plaines qu'elles parcourent; des ruisseaux sur lesquels elles chevauchent; spécifiant les montagnes et les collines; signalant les éminences même minuscules; tenant compte des plateaux, des versants; désignant les forêts, les bouquets de bois, jusqu'aux plus petits buissons, et dessinant non-seulement les routes de première classe, mais aussi les routes départementales, les chemins vicinaux, les sentiers de traverse, les hameaux, les fermes, les ruines, les plus légères aspérités, les maisonnettes les plus insignifiantes. De ces cartes, des milliers d'exemplaires photographiés, collés en relief, exécutés avec un soin admirable, finement coloriés, pliés avec un art infini et placés dans des étuis dignes de la beauté du travail, se trouvent dans les mains des généraux, des officiers et des soldats. Le Prussien connaît ainsi notre pays infiniment mieux que le Français. Il en est de même du plan de Paris, l'objectif spécial de S. M. Guillaume et du misérable Bismark. Dans ce dernier, les moindres détails, achevés avec une précision mathématique et un talent remarquable, témoignent du but que l'on se proposait depuis longtemps, à savoir : rendre familières la topographie de Paris, la position de ses remparts, de ses bastions, de ses forts, de ses citadelles, de la rivière, des quartiers divers, des monuments et des alentours de la capitale.

Ainsi donc, les employés allemands, entrés dans les ministères par appui, recommandations, prières, faveurs, espions ! Dans les administrations financières, industrielles, commerciales, scientifiques, espions ! Espions ici, là, partout ! Et quelle sorte d'espions ? Des hommes intelligents, généralement des officiers de l'armée prussienne, officiers très instruits, mais espions !

Il paraît que l'horrible flétrissure d'être espion ne chatouille nullement l'épiderme prussien... Ce que c'est que la différence de peau et de sentiment chez l'Allemand et le Français ! Appartenir à une catégorie aussi vile, aussi méprisable, ne choque nullement messieurs les officiers prussiens... Nous savons qu'en penser désormais pour ce qui nous regarde. A tout jamais arrière à l'officier prussien !

A l'heure suprême de l'exécution de Hart, cet officier-espion de M. de Bismark, un capitaine français, causant avec ce misérable, lui demanda comment il avait eu le courage d'exercer une aussi vile profession, lui officier de l'armée royale de Prusse.

— Que voulez-vous ?... fit-il. Chez nous, il faut en passer par là... A nous autres officiers prussiens, M. de Bismark n'accorde d'avancement qu'à la condition d'être espion en France ou ailleurs, pendant plus ou moins de temps, et selon les services que nous rendons...

Est-ce assez honteux, ignoble, écœurant?... N'est-ce pas horrible de remuer une pareille boue?... Fi! assez des espions!...

Mais avec qui donc combattons-nous, que l'on voit de ces officiers de l'armée ennemie se costumer en laquais, en femmes, oui, en femmes! en religieuses, en abbés, en moines, pour nous espionner?

Au commencement de la guerre, deux individus opèrent des sondages dans la Sèine, entre l'île de Billancourt et le viaduc du chemin de fer. Arrêtés et conduits devant l'autorité, pressés de questions, ils ont déclaré que si on voulait leur laisser la vie, ils rendraient un service signalé. A cette condition seule, on leur assura la vie sauve. Alors ils firent avec franchise et avec une profonde connaissance des moyens, soit de protéger, soit d'attaquer la capitale, des observations qui frappèrent de stupéfaction les hommes compétents. D'après les renseignements de ces espions prussiens, car ils étaient officiers de l'armée de Prusse, on reconnut qu'il existait en effet 600 mètres d'étendue de la largeur de la Seine complètement à découvert et à l'abri des projectiles du Mont-Valérien et du fort de Vanves. Aussitôt ces aveux eurent pour résultat d'engager le comité de défense à entreprendre immédiatement des travaux sur les deux rives pour empêcher le passage du fleuve, et principalement dans l'île Séguin. Les travaux furent rapidement achevés.

L'espion prussien, pendant cette guerre fatale, se trouve partout, sur tous les chemins, dans toutes les maisons, même parmi les défenseurs de la patrie. Au nombre des cinquante jeunes gens formant la compagnie des francs-tireurs de Boulogne, le capitaine commandant le corps est avisé de l'allure et des démarches suspectes de l'un de ses hommes. Celui-ci avait demandé avec instance à être incorporé dans la compagnie. On le surveille. Arrivé à Douai, les soupçons du chef ne font que s'accroître. On profite de son absence pour

visiter sa valise, et alors on met la main sur une correspondance plus que compromettante... C'était un espion
prussien !...

Après tout, ces messieurs de Prusse aiment bien dîner. Un
soir, au restaurant Vachette, il y avait grande émotion. On
arrêtait deux espions prussiens, alors qu'ils se mettaient à
table, les infortunés ! Ils ont dû quitter d'un air marri le fin
repas qu'ils s'étaient fait servir.

Je n'en ai pas fini avec les infamies prussiennes : nous aurons bientôt à y revenir...

VI

O vieux Rougé de l'Isle, pourquoi ne t'a-t-il pas été donné
de vivre l'âge des patriarches pour assister au réveil de la
Marseillaise redevenue, comme il y a quatre-vingts ans, le
chant de guerre pour notre armée du Rhin de 1870 ? Ah ! c'est
que bientôt après cette résurrection de la vertigineuse mélo-
pée, il aurait fallu voiler ta face attristée, car, cette fois, au
lieu de conduire à la victoire, c'est dans l'abîme de cruels
revers qu'elle nous a tous précipités !...

En effet, tout après un brillant début de nos armes, dans
une rencontre qui eut lieu près de Niederbronn, entre un
peloton de nos chasseurs et des cavaliers badois; tout après
l'enlèvement non moins brillant des positions de Sarrebruk,
nous avons subi un terrible échec près de Wissembourg.
Puis, comme un malheur ne vient jamais seul, presque en
même temps que le général Douay était battu et tué à Wissembourg, à peu de distance de là, le maréchal Mac-Mahon
perdait la bataille de Reischoffen, nonobstant l'admirable
courage dont il faisait preuve, nonobstant cette inimaginable
et furibonde charge de cavalerie exécutée par les 8e et 9e
régiments de cuirassiers, dont la gloire est à jamais immortelle, et qui, tous, y périrent...

Là, comme dans toutes les rencontres, les Français com-
battirent 1 contre 7, 8, 9 et 10 Prussiens ! C'est horrible à

dire, mais c'est la vérité, et il en sera ainsi jusqu'à la fin de cette guerre de géants. Géants, les Français! car quelle gloire pour les Prussiens?...

Un moment, la France chanta Hosannah au Dieu des armées, car le commandement suprême de la guerre ayant été enlevé à des mains inhabiles, celles de Napoléon III, disons-le nettement, et le maréchal Bazaine ayant été promu au titre de généralissime, la victoire parut revenir aux bannières de notre vaillante armée.

Une lutte terrible s'engagea, pendant deux jours, à Longueville, à 3 kilomètres de Metz, puis à Gravelotte; nonobstant les pompeux bulletins de victoire de la Prusse, ce fut bien authentiquement notre armée qui obtint le succès le plus complet, en écrasant l'ennemi et en le précipitant dans les carrières de Jaumont.

Quel horrible spectacle que celui des champs de bataille en général; mais quel épouvantable spectacle que celui des champs de bataille de Wœrth ou Wissembourg, de Longueville, de Gravelotte, et des carrières de Jaumont en particulier!

J'ai parcouru le théâtre de la lutte à Wissembourg, et j'ai spécialement visité l'endroit où s'était aveuglément ruée la terrible charge des 8e et 9e cuirassiers, dont pas un n'est revenu vivant. Un témoin de cet épisode de guerre me raconta qu'après la troisième de ces charges vertigineuses, les Prussiens virent arriver, non sans effroi, à toute vitesse, un cheval portant, crispé, mais droit encore sur sa selle, un cavalier dont la tête venait d'être enlevée par un boulet de canon... c'était horrible! Le cadavre tomba seulement lorsque le cheval tomba lui-même. On eut ainsi l'inimaginable spectacle de ce cadavre décapité se maintenant à cheval sur un parcours de 150 mètres, et paraissant encore charger l'ennemi...

Ce corps mutilé appartenait à M. de la Futzun de Lacarre, colonel du 8e de cuirassiers. Le même boulet avait coupé en deux le trompette du colonel et enleva la main d'un capitaine qui se tenait à ses côtés.

Lors de cette même charge, le lieutenant Billet, fils du colonel, chargea quatre fois avec la mâchoire emportée par une balle. Son père dut le faire transporter de force à l'ambulance, au moment de la cinquième charge, où lui-même fut blessé.

Quand je foulai aux pieds ce sol de carnage, il était couvert de cadavres, dont plusieurs avaient été horriblement atteints. J'en ai vu un qui n'avait que la moitié du visage. Un autre n'avait plus d'autres membres qu'une jambe. Un troisième était coupé en deux. Sur une pierre se trouvait une main ornée d'une bague de brillants. A qui avait-elle appartenu? Et partout des armes brisées, des vêtements souillés, du sang plein les sillons! On avait déjà dépouillé les morts. Il y avait là des monceaux de cuirasses encore brillantes; des casques avec des plumets : le tout était empilé de distance en distance, le long de la route. Dans l'intervalle, gisaient des selles, des harnais, des valises avec un 8 ou un 9, chiffres de nos pauvres régiments composés d'hommes si beaux et de chevaux si ardents. On voyait des épées, des sabres, des pistolets, des révolvers épars partout. Çà et là, des cuirasses isolées, des casques tombés au hasard, des chevaux morts, quelques-uns encore haletants. Le terrain était foulé, les vignes brisées, des mares de sang coagulé de place en place. Et ce tableau sinistre pendant toute une grande lieue.

Dans le village lui-même, deux piles de 30 à 40 cuirasses avec des casques. Plus loin, mêlés avec les trophées des malheureux cuirassiers, s'estompaient les restes d'un régiment de lanciers; ce n'étaient que banderoles rouges et blanches, schakos carrés de lanciers, tuniques bleues, etc.

Une circonstance remarquable, c'est que aucune cuirasse ne se montrait percée par les balles... Que sont devenus ceux qui les portaient? c'est un problème; mais le certain, c'est qu'ils ont été anéantis. On raconte qu'ils avaient chargé une batterie, s'en étaient même emparés; hélas! iis furent en cet instant même attaqués de côté par l'infanterie, qui, en peu de secondes, les jeta tous à terre pour jamais!

Lorsque le maréchal Mac-Mahon vit que, malgré l'héroïsme de ses troupes, il n'y avait pas moyen de résister à l'ennemi qui se renouvelait sans cesse, il fut pris, lui l'homme de bronze, d'un accès de découragement. Assis sur le bord d'un fossé, il se mit à fondre en larmes. Mais bientôt se relevant, dans un élan de désespoir énergique, il voulut se jeter dans la mêlée, décidé à se faire tuer. Ses soldats se précipitèrent au-devant de lui et l'arrêtèrent par cette sublime parole :

— Pourquoi vous faire tuer, maréchal? Est-ce que nous vous avons refusé de mourir?...

Mac-Mahon trouva dans l'abnégation de ces braves gens une nouvelle énergie, et il se mit alors en devoir d'opérer cette belle retraite dans laquelle cent mille Prussiens n'osèrent poursuivre les débris d'un corps de 30,000 héros! Quel homme admirable que Mac-Mahon! Aussi n'est-il pas étonnant, quand on connaît les procédés des Prussiens, que l'un d'eux ait attenté à ses jours, en déchargeant sur lui trois coups de son révolver.

Et dans les ambulances, quel autre spectacle! La plupart de nos blessés étaient atteints aux jambes, par suite de la manière de tirer des Prussiens, qui, au lieu d'épauler, appuient la crosse de leur fusil sur leur cuisse droite. Des éclisses, des bandages sanglants soutenaient leurs pauvres os broyés. Un soldat du 66e, me prenant pour un infirmier, m'arrête :

— N'est-ce pas, Monsieur, qu'on ne me coupera pas ma jambe?

J'entends encore cette voix plaintive, presque inarticulée, voix d'enfant, sortant d'une bouche entourée de rudes moustaches.

— Non, certes, on ne vous la coupera pas!... Vous gué-
rirez, mon brave! Ce n'est pas grave ce que vous avez
là...

L'œil de l'infortuné s'illumina...

— Ah! n'est-ce pas? ce n'est pas grave... Aussi je me di-
sais : On a coupé la jambe à cinq camarades blessés comme
moi... mais si on me laisse ma jambe, c'est que ma blessure
n'est rien...

— Rien!... seulement ce sera long...

J'étouffais. Le pauvre blessé avait peut-être pour deux
heures à vivre! on le laissait mourir. Le *charcutier*, comme
ils appellent le chirurgien, voulait qu'il *passât* tranquillement.

— Eh bien! dit-il, puisque ça n'est rien, je veux fumer
ma pipe...

Nous avions à tous distribué du tabac. Il bourra sa pipe,
et de ses lèvres pâles, tirant une ou deux bouffées, il fuma,
en s'arrêtant pour dire encore :

— Ça fait du bien de savoir qu'on en reviendra...

Mais l'aumônier survint. Je m'éloignai, et je vis sourire le
misérable blessé, ce qui me démontra que le soldat ne craint
pas le prêtre.

Et les bonnes Sœurs de charité, comme ils les appellent...
Prêtres et Sœurs savent trouver le cœur du troupier; et
comme ils ont le talent d'adoucir les derniers instants!

Si nos armées en marche sont belles à voir, celles de
Prusse sont loin de leur ressembler. Figurez-vous de longues files d'hommes sombres, avec des étendards noirs. Pas
de gaîté; au contraire, la tristesse est empreinte sur tous
leurs visages. Et pourtant il est une chose plus sinistre
qu'un défilé des troupes du bon roi Guillaume : c'est le cortége qui les accompagne et marche à leur suite.

Représentez-vous une horde de gens de tous les pays, des
repris de justice, des forçats en rupture de ban, des voleurs,
des gredins de tous les calibres. Certains conduisent des ânes

attelés à de petits chariots. Ils disent qu'ils portent des vivres pour l'armée, et jamais, dans leur ignoble véhicule, il n'y a eu de quoi nourrir plus de deux personnes.

Reischoffen se trouve derrière un bois. Or, après la bataille de Reischoffen, bataille héroïque, devant ce bois, de 7 heures du matin à 8 heures du soir, avaient lutté les hommes les plus courageux qui jamais eussent combattu à l'ombre d'un drapeau tricolore. Impossible de peindre l'aspect du champ de bataille, le soir de la lutte. On entendait encore rouler au loin les canons, au milieu du cliquetis des armes, les pas mesurés des chevaux et les cris des soldats. Puis on voyait çà et là des formes blanches s'incliner sur le sol détrempé... C'étaient les Sœurs de charité, c'étaient les abbés des ambulances, qui venaient chercher les blessés. Mais bientôt, vers minuit, tout bruit avait cessé. A peine recueillait-on quelques hennissements lugubres de chevaux expirants; tous les hommes encore vivants avaient été enlevés, il n'y avait plus que des monceaux de cadavres.

Ce fut alors que l'on put distinguer certaines formes étranges s'abattant sur le champ de mort, et s'accroupissant sur le terrain humide de sang. Ces fantômes n'étaient autres que ces hommes infâmes marchant à la suite de l'armée prussienne. Armés tous d'une lanterne sourde, ressemblant de loin à ces feux follets qui émanent des marécages, ils couraient de ci de là à travers les cadavres, fouillant dans leurs poches, enlevant les montres, les bagues, les bijoux, les porte-monnaie, etc. Et alors, quand les anneaux d'or étaient par trop serrés par la chair du doigt tuméfiée, ils coupaient le doigt... Ils enlevaient en outre les galons d'or des képis; ils s'emparaient des armes de luxe; tout leur était bon...

N'est-ce pas assez horrible, cet exécrable métier de détrousseur de morts?... Telle est cependant la profession de bon nombre de misérables.

A Freischwiller, voisin du champ de bataille de Reischoffen, le père d'un soldat, un vieillard à cheveux blancs, ce même soir, se rendit, lui aussi, sur le champ de la lutte afin d'y chercher son fils... Il trouva la place où avait combattu le régiment de ce cher enfant. Alors, courbé, muet, attentif, il examinait toutes les têtes. Parfois il se relevait, et, voyant de petites clartés s'agiter, il se figurait que c'étaient des gens des ambulances qui enlevaient les blessés, et il n'y donna bientôt plus d'attention. A un moment, il entend remuer auprès de lui. Un homme, un panier au bras, cherchait, œil en terre.

— Qui va là?... cria-t-il d'une voix brève.

L'homme lève la tête, l'œil hagard, les cheveux hérissés, les bras raidis; il n'avait déjà plus la force de porter son panier.

— Qui va là?... reprend le vieillard.

— On fait donc aussi ce métier-là... en France?... répond enfin le fantôme noir.

— Quel métier? réplique l'habitant de Freischwiller.

— Vivre aux dépens des morts... murmure l'homme.

Le Français a compris... Il oublie un moment son fils, se baisse, ramasse un fusil et couche cet homme en joue. Par bonheur, le fusil était encore chargé, car celui qui le portait avait dû tomber alors qu'il allait s'en servir... Le coup porte, le fantôme roule à terre... Au bruit de la détonation, ses camarades, effrayés, quittent leur butin et s'enfuient...

Le vieillard ne les poursuivit pas. Il eut la chance heureuse de ne pas retrouver son fils, et, le lendemain, il apprit qu'il était au régiment.

Après ces premières et terribles batailles, sur les hauteurs du Spikeren, qui domine le lieu du carnage, un Anglais trouva peu de jours après les tombeaux provisoires des Prussiens et des Français, fraternellement confondus dans la mort.

« Rien que des tombeaux, dit-il, sur la gauche du champ de bataille... — Ici reposent, dans le sein de Dieu, *hier ruhen in Gott,* dit une inscription, 28 Prussiens et 69 Français. Fosse n° 4.

« Là, disait une autre inscription, reposent ensemble, amis et ennemis, 6 Prussiens et 11 Français. »

Mais le mot *ennemis* avait été effacé par une main charitable.

Le terrain était couvert de lettres adressées à des soldats français, et portaient la suscription : « A la suite de son régiment... » La plupart de ces lettres contenaient de doux reproches aux soldats, qui, paraît-il, n'avaient eu ni le temps ni la possibilité de répondre à leurs correspondants.

D'autres annonçaient des envois d'argent.

Une lettre; celle d'une mère à son fils, disait : « Ton ami Louis Barbari veut se marier avec ta sœur Modeste. Faisnous savoir, aussitôt que possible, si tu aimerais l'avoir pour beau-frère... »

Dans les sacs des soldats français, on trouvait des livres religieux, depuis l'élémentaire *Alphabet chrétien,* jusqu'aux traités les plus profonds...

A côté d'un soldat français, on rencontre un *atlas de la guerre,* et, à côté d'un autre, une copie manuscrite de l'air des *Djins,* avec cette mention : *Andante con moto* du *Premier Jour de Bonheur...* N'est-ce pas assez horrible, ces sinistres détails?

C'est le 40° régiment de l'armée prussienne qui avait réussi à enlever le Spikeren-Berg, la colline la plus inaccessible des deux monticules défendus par les Français. Deux autres régiments prussiens avaient vainement tenté cette attaque, et le 40° y perdit lui-même 16 officiers et 600 hommes !...

Après la bataille de Gravelotte, au lever du soleil, le jour suivant, on trouva, à côté d'un officier de zouaves, un campagnard décapité... Alors, en examinant attentivement la position des deux cadavres, on se rendit compte du drame qui avait dû s'accomplir pendant la nuit. On constata que ce campagnard n'était autre qu'un de ces affreux maraudeurs, ainsi que l'attestait la lanterne renversée à sa gauche, et le couteau tombé de sa main droite. Ne pouvant sans doute arracher la ceinture de l'officier remplie de pièces d'or, le détrousseur de cadavres avait pris son couteau; puis, en voulant couper la ceinture, il avait enfoncé la pointe de la lame dans la chair de l'officier, qui n'était qu'évanoui... Galvanisé, pour ainsi dire, par la douleur, ce dernier avait recouvré ses sens, et, saisissant son sabre d'une main et de l'autre le maraudeur aux cheveux, il lui avait tranché la tête, qu'il tenait encore de ses doigts énergiquement fermés.

En regard de l'hypocrite souverain de la Prusse, de son insolent ministre, des princes prussiens, appelons-les « *notre Fritz,* » Frédéric-Charles, Albert, et *tutti quanti,* qui savent si bien se dissimuler à l'heure du danger derrière les masses impénétrables de leurs hordes se renouvelant sans cesse sur le terrain, comme les nuées ténébreuses se pressent dans le firmament au moment de la tempête, si nous plaçons, nous Français, nos admirables héros, Mac-Mahon l'invincible, car le nombre seul l'a fait plier, Uhrich l'ardent défenseur de Strasbourg, le brave Canrobert, le généreux Bourbaki, Palikao, de Wimpffen, et bien d'autres toujours debout au premier rang dans les batailles, nous pouvons demander à haute voix où fut la bravoure réelle, le véritable courage, la grandeur d'âme, la vaillance et la loyauté?...

Assurément ce ne sera pas en faveur de MM. les Prussiens que penchera la balance. Les Prussiens obtiennent la victoire que donne la force brutale du nombre, 10 contre 1; mais ils sont battus, vaincus, flétris par le contraste de l'héroïsme de nos généraux et de nos soldats.

Pendant que Phalsbourg résiste aux horreurs d'un affreux bombardement; que Toul déploie contre ceux qui l'assiégent une prestigieuse adresse à se défendre; que Thionville tient bon contre la ceinture de fer et de bronze qui l'entoure; que Verdun donne l'exemple à ses sœurs; que Laon fait sauter sa citadelle avec tout un état-major prussien qui prétend s'en emparer; que Metz se débat à outrance sous l'étreinte de 160,000 ennemis, les Prussiens pourront peut-être triompher de la sublime résistance de la noble Strasbourg, résistance sanglante mais héroïque qui émeut tous les cœurs en Europe, mais ne touche point l'âme des rois et des princes qui en manquent : le courage sera toujours du côté de la France, devant laquelle tous les peuples civilisés s'inclinent, tous les meetings chantent sa gloire, la Suisse, la généreuse Suisse, notre amie, pleure, et qui a les sympathies de tous!... Que Bismark et son disciple osent le nier!

Non, la bravoure n'est point aux Prussiens...

Est-ce être brave, quand on se bat 10 contre 1?

Est-ce être brave, quand on détruit la cabane du pauvre paysan?

Est-ce être brave que d'égorger de sang-froid des mobiles, comme à Vitry-le-François, après la victoire?

Est-ce être brave que de faire pleuvoir le feu sur une bibliothèque rare et précieuse, sur une cathédrale admirable, comme à Strasbourg?

Est-ce être brave, quand on massacre le chirurgien pansant le moribond sur le champ de carnage?

Quand on tire sur les ambulances?

Quand on tue de jeunes pensionnaires dans la cour de leurs récréations?

Quand on rançonne, jusqu'au dernier écu, de malheureuses provinces déjà pressurées par la poigne de Bismark?

Quand on projette la ruine de la capitale des arts, des sciences, des intelligences, de Paris, en un mot?

Quand on se rue comme des nuées de corbeaux sur un peuple qu'on a surpris, enlacé par l'impéritie, par la trahison, avant que nos soldats fussent enveloppés d'un cercle de sauvages, au jour des sanglantes boucheries?...

Honte à la Prusse, jamais elle ne se relèvera de pareilles turpitudes : elle est pour toujours engloutie dans l'opprobre!

Dans quel aveuglement tombe un souverain lorsqu'il

s'abandonne au vertige de l'ambition et au délire des annexions ! Devenir Empereur d'Allemagne est le rêve de ce Méphistophélès couronné. Aussi la *Correspondance germania* nous annonce-t-elle une nouvelle carte de l'Allemagne... Cette carte a fait son apparition dans la vitrine des libraires prussiens. Le nouvel Empire d'Allemagne absorbe, en France, la Lorraine, l'Alsace et la Franche-Comté. La ligne quitte ensuite le Doubs et passe, en Suisse, entre Berne et Fribourg, contourne le Saint-Gothard au sud, et se dirige à travers les Alpes jusqu'à Trieste, sur les bords de l'Adriatique, d'où elle remonte par Gratz et Vienne, jusqu'aux confins de la Silésie prussienne, englobant, dans son passage en Autriche, tout le terrain à l'ouest de cette ligne. Au nord, rien n'est changé. Seulement, la couleur des provinces appartenant à la Russie est la même que celle du soi-disant Empire d'Allemagne ; la seule différence, c'est qu'elle est un peu plus pâle...

Pourquoi donc la Hollande n'est-elle pas réunie à l'Allemagne, sur cette carte ? C'est une lacune. Bismark la remplira... Pourquoi même, — c'est une idée que je soumets au pangermanisme, — pourquoi même ne pas réclamer l'Angleterre, qui, ayant été occupée jadis par les Angles et les Saxons, peut passer pour une terre allemande ?

Peuples de l'Europe, vous êtes prévenus !

Mais demandons-nous donc, une bonne fois :

— Que sont donc les nations au vis-à-vis des rois, des empereurs, des monarques, en un mot ? Nous autres hommes, ne sommes-nous donc que des machines, des choses, des objets, de la matière, dont les souverains peuvent disposer à leur gré et faire ce qu'ils veulent ? Avons-nous été destinés par la divine Providence, — qui dans les rois ne veut nous donner que des pères, chefs des familles, — à être pétris selon la fantaisie de ces personnages que l'orgueil enivre et qui oublient le rôle de bonté qui leur est confié, et contraints de nous laisser faire esclaves, Prussiens, Cosaques, Welches, si tel est leur bon plaisir ? Nenni pas!... Un roi, un empereur, un monarque sont-ils donc des êtres d'une autre nature que la nôtre? Non, assurément. De quel droit se placent-ils donc ainsi au-dessus de l'humaine espèce pour prétendre la manipuler a leur guise, sans souci, sans vergogne, et sans que nous nous levions, sans que nous nous dressions incontinent pour leur plonger dans la poitrine le poignard jusqu'à la garde?

J'ai vu M. de Bismark, à Paris. Il était en costume de colonel de dragons. Ses mains osseuses, comme les serres d'un vautour, tourmentaient entre leurs longs doigts son casque surmonté du pal doré que vous savez. On voyait briller un regard fauve sous le buisson de ses sourcils, et il plongeait son œil d'oiseau de proie sur le peuple de Paris, assemblé devant l'Hôtel-de-Ville. Le berger de ce chien dévoué, saint Guillaume, était à côté de lui, modeste, retenu, contemplant son amé et féal, afin de modeler l'expression de sa pensée sur la physionomie de son guide.

Or, voilà les deux hommes qui font tous nos malheurs, qui veulent envahir la France.

VII

Dans un article fort éloquent, M. Chabrillat nous dit :

« Tout est-il donc permis en guerre, et, sous prétexte que la ruse est autorisée et que la fin justifie les moyens, les Prussiens ont-ils le droit de commettre, pendant la bataille, de ces actes que l'on peut qualifier de lâchetés?

» On a raconté, — et j'ai vu — qu'un bataillon prussien, pressé de trop près par des troupes françaises qui le pourchassaient, avait levé la crosse en l'air, indiquant par là l'intention de se rendre ; puis, lorsque, sans défiance, nos soldats se seraient approchés, les Prussiens les auraient reçus par un feu d'ensemble des plus meurtriers.

» Le fait s'est passé le 9 août, dans la colline dominant le vallon de Langen-Soulzbach. Il se serait passé encore à la deuxième bataille de Sarrebruck. Une ruse du même genre, aussi infâme, m'a été signalée par des blessés et des prisonniers français, avec qui j'ai fait en Allemagne un court séjour après Wœrth. Nos hommes étaient embusqués en tirailleurs sur la colline de Frœschwiller, dans d'excellentes positions; la gauche de la ligne de tirailleurs dans un petit bois taillis, son centre caché par des vignes, et sa droite dans un bois de haute futaie. Ils empêchaient les chasseurs bavarois de monter, lorsque, au plus fort de l'action, on entendit crier en français : Ne tirez plus! ne tirez plus! De notre côté on cesse le feu, et nos soldats montrent curieusement leurs visages. Ils aperçoivent alors les chasseurs bavarois qui, tranquillement, n'étant plus gênés par le feu des Français, prennent des positions meilleures et incontinent recommencent à canarder les nôtres. C'étaient les officiers ennemis qui avaient crié en français : Ne tirez plus!

» Je le demande, malgré le droit de la guerre, est-ce bien avouable? »

Je réponds, moi : non, c'est une lâcheté!... Ainsi donc les officiers prussiens, espions d'abord, sont lâches ensuite...

« Un autre écho de cette journée du 6... continue M. Chabrillat.

» En avant de la position d'Elsenhaussen se trouvait une petite colline dite les Vignes de Wœrth. Nos troupiers l'occupaient et avaient mission de n'en pas sortir. Modérant cette *furia* sur laquelle les Prussiens comptaient, ils avaient eu la sagesse d'obéir aux ordres, et repoussaient par une fusillade bien nourrie toutes les attaques des tirailleurs ennemis, quatre fois plus nombreux qu'eux. Voici le moyen qu'employèrent les Prussiens pour nous déloger sans péril d'une position superbe :

» Une partie des leurs quitta le moulin de Bruckmül, se faufila par la forêt de Wœrth, échappant ainsi au feu de nos batteries de Morsbromm, et se glissa un peu en arrière de notre ligne de tirailleurs. Là, leurs clairons sonnèrent la

5

charge française. Nos hommes, croyant que le mouvement en avant était ordonné, sortirent vivement des positions, et reçurent alors à découvert le feu des Prussiens qui, postés en face d'eux, n'attendaient que ce signal... »

Est-ce assez infâme, et avais-je raison de dire tout-à-l'heure que je n'en avais pas fini avec le déshonneur prussien?

M. Chabrillat passe ensuite à l'examen de la façon d'agir des Prussiens. Ecoutez et frémissez :

« Voici l'astucieux moyen que les Prussiens emploient pour ne pas rencontrer dès l'abord une trop vive résistance de la part de la population mâle des villages. Leurs reconnaissances ne font pas de mal, ne volent rien, payent ce qu'elles consomment et disent :

» — Nous ne faisons pas la guerre aux habitants.

» Les paysans, rassurés, ne songent pas à défendre leurs maisons, et lorsque arrive le gros du détachement prussien, ces messieurs prennent tout en réquisitions. Si un paysan ne cède pas de bonne grâce, il est fusillé... »

Si vous voulez savoir maintenant comment les Prussiens usent du pays conquis, lisez les lettres de Lunéville, de Bar-le-Duc, etc. Elles vous diront que l'intendance ennemie pressure jusqu'au dernier centime, jusqu'au dernier sac de farine, jusqu'au dernier cigare, car il faut des cigares, et beaucoup, à ces dégoûtants Caraïbes.

Oui, lisez les correspondances du duché de Bade; elles vous diront que ce n'est pas 27 paysans qu'on a fusillés entre Wasselonne et Strasbourg, mais un nombre bien plus considérable. Lisez enfin les dépêches adressées de l'Allemagne à l'Autriche, vous y trouverez cette ligne sanglante, effroyable dans son laconisme :

— Les fusillades continuent en Lorraine !

« Quant à leurs espions, reprend M. Chabrillat, j'ai personnellement de bonnes raisons pour affirmer que leur service est bien, et même spirituellement fait. Un monsieur,

charmant à ce qu'il paraît, beau joueur, parlant quatre lan-
gues, monté sur un alezan magnifique, faisait la route de
Saint-Avold à Wissembourg avec deux escadrons français du
12ᵉ chasseurs à cheval, qui avaient servi d'éclaireurs au
corps de Frossard, et revenaient à Wœrth, dans les premiers
jours d'août. Ce monsieur faisait voir à tous les officiers et
donnait des cartes de visite portant en lettres rouges :
H. Chabrillat, rédacteur au Figaro. Dès-lors, à sa qualité de
journaliste parisien, il devait une réception des plus cordiales.
On lui donnait tous les renseignements qu'il demandait. Il
fut hébergé principalement par M. Georges de Heeckeren,
heureux de trouver un confrère.

» Eh bien! cet individu, qui se dissimulait sous mon
humble personnalité, était tout simplement un espion
prussien!... »

A son tour, M. Jules Richard nous dit à l'endroit des
Prussiens :

« Les Américains avait *usiné* la guerre; M. de Bismark a
renchéri, il l'a *bureaucratisée.*

» Si les espions lui servent d'avant-garde, les vampires
bureaucratiques forment son arrière-garde. Tandis que le
bon M. Podevin, préfet de Nancy, déclare que les *Prussiens
se conduisent bien,* il nous arrive, par une source des plus
authentiques, certains renseignements qui prouvent jusqu'à
l'évidence que l'*art de faire suer* à une province argent, vivres et moyens de transport, a été étudié et médité depuis
longtemps par cet ignoble exacteur.

» A peine arrivés dans une ville, les Prussiens requièrent
tout : farines, grains, fourrages, bestiaux, dans un rayon
de 3 à 4 lieues. Ils prennent tout, absolument tout. On raconte même qu'ils installent des boulangers militaires dans
les boulangeries et qu'ils ne délivrent aucun pain aux habitants, si ce n'est à 1 fr. la livre. Tant pis pour les Français,
ils s'arrangeront comme ils pourront!

» Les Prussiens s'emparent de tout l'argent, pillent les

maisons abandonnées, réquisitionnent les maisons habitées, et sont plus préoccupés de manger que de tout autre chose. Nul peuple n'est plus avide et goulu. Quand les Prussiens ont passé quelque part, il ne reste plus rien. Ils emportent ou ils souillent, les infâmes ! ce qu'ils ne peuvent consommer.

» Je raconte tout simplement, laissant à chacun de tirer les conclusions. Mais si je ne blâme pas M. de Bismark de faire la guerre en mouchard et en chenapan, de réduire sa nation, qu'il prétend civilisée, aux deux plus honteuses corvées de la guerre, l'espionnage et la rapine !... si j'admets que le but justifie les moyens, et que, en définitive, on fait la guerre pour mettre son ennemi le plus à mal possible, je ne puis m'empêcher de prévoir, dans l'avenir, *un avenir à courte échéance*, de terribles représailles... »

Ah ! c'est qu'il faut de l'argent à la Prusse. La Prusse est un pays pauvre : ses terres rapportent peu d'abord ; ensuite, cette année, le paysan, levé pour former la landwher et le landsturm, n'a pas même pu rentrer ses maigres récoltes. Les villages sont obligés de nourrir plus de 250 à 300,000 familles dont les soutiens naturels sont à la guerre. Cette guerre a déjà privé ces familles de plus de 300,000 hommes. En outre, le commerce est complètement mort, l'industrie éteinte. Notre flotte cuirassée met des entraves ruineuses, écrasantes, à toutes leurs villes maritimes et à leurs ports. Nos autres navires se sont emparés de nombre de vaisseaux prussiens et de leurs riches cargaisons. Les frais de guerre auxquels la Prusse doit faire face aujourd'hui sont estimés à 2,800,000 thalers, soit 10,500,000 francs... par jour ! Aussi la misère des sujets du roi Guillaume est inimaginable, ce qui ne fait pas chérir le système bismarkien. Les campagnes pleurent et se désolent ; mais les gens des villes ne rient pas non plus. La fleur de la noblesse et de la jeune génération est détruite ; les caisses sont à sec. Et encore, comment la Prusse vivra-t-elle l'année prochaine ? Son peuple des champs qui se bat en France, n'ensemencera pas les terres. En toute vérité, la guerre est le fléau des peuples !

Soyez donc étonnés, après cela, que, en 1866, M. de Bismark, en véritable forban, ait ruiné la ville de Francfort, quand il se l'est annexée !... Aussi, comme le Prussien est aimé à Francfort !...

Encore une fois, avec qui donc combattons-nous, que des vaincus demandant merci et déposant les armes profitent de la magnanimité de leurs vainqueurs pour les assassiner lâchement, comme il nous est arrivé en certains combats heureux ; que des armées de rapineurs organisées suivent les belligérants ; mais devant de tels faits, la longanimité et l'esprit chevaleresque des Français doit fléchir et s'effacer. Il faut que l'on fusille les espions d'abord, et que cela soit publié, exécuté au grand jour, publié par les journaux. Il faut que la vengeance soit épouvantable, que la France arrache à belles dents le foie de l'aigle prussien et le crache au visage de l'exécrable Bismark. Oui, nous n'avons plus qu'un devoir : ruiner la Prusse, la ruiner si profondément, si sûrement, qu'elle n'ait plus d'ici à longtemps de quoi solder ni un espion, ni un détrousseur, ni un des gredins qui suivent les armées.

Cet affreux gouvernement prussien crée véritablement un code tout nouveau et une morale pour son usage particulier. Ne déclare-t-il pas que nos corps francs doivent être munis d'une autorisation du ministre de la guerre, soumis aux lois militaires françaises, et commandés par des soldats français, ou bien alors, ces corps ne seront considérés que comme des *bandits* et traités comme tels... Tout autant vaudrait dire : « Il est défendu aux Français de combattre pour la France contre l'invasion prussienne, sous peine d'être traités comme d'infâmes bandits. »

Transformer en bandits de braves gens qui combattent pour leur pays et pour leur famille est chose au-dessus des puissances de ce monde, eussent-elles 10,000,000 de soldats à leurs ordres. Les lois du droit et du devoir demeurent immuables malgré les ordonnances du roi de Prusse. Il ne dépend pas des armées prussiennes de changer en mal ce qui est un bien aux yeux de tous les honnêtes gens et de tous les patriotes, quel que soit leur pays.

Des déclarations semblables sont la honte de Guillaume, le mystique suranné, car ce sont des actes de barbarie indignes d'une nation civilisée. Ces actes tendent à transformer en massacres odieux les guerres modernes, qui devraient, au contraire, se distinguer des guerres d'autrefois par une disposition générale à éviter de répandre le sang des hommes désarmés et qui ne peuvent plus nuire.

Le roi de Prusse et son digne conseiller n'ont-ils pas publié à haute voix leur implacable résolution de ne considérer comme légitimes belligérants que les individus revêtus d'uniformes. Quoi! dans une guerre d'invasion et de bombardement, où le bourgeois, le paysan, l'ouvrier, sont atteints dans leurs foyers, obligés de garantir leur champ, leur maison, de défendre leur pain et leur argent contre un assaillant armé d'obus et de réquisitions de tout genre, il faudra qu'il soit en uniforme? C'est tout bonnement absurde. En effet, un peuple envahi et bombardé est mis individuellement dans le cas de légitime défense ; chacun de ses membres est soldat et doit être traité comme tel.

Mais la Prusse n'a-t-elle pas fait appel elle-même à cette participation de tous ses sujets à la résistance et aux hostilités ?

On a produit les édits prussiens de 1813, qui exaltaient alors ce qu'ils condamnent aujourd'hui.

Dans la guerre de Trente Ans, par Schiller, on trouve que « l'électeur de Brandebourg, sans armée pour défendre son pays, publia un édit par lequel il ordonnait à ses sujets de repousser la force par la force, et de tuer sans ménagement tout soldat impérial surpris en rase campagne... »

Qui donne l'exemple, aujourd'hui, d'armer une nation

entière, non pour défendre son territoire, mais pour la jeter, la ruer, comme on a dit, sur une autre nation, et la détruire, la ruiner, la disloquer, l'anéantir et la fouler aux pieds ?

N'est-ce pas la Prusse ? N'est-ce pas l'Allemagne ?

Les populations errantes de l'Asie procèdent-elles autrement que de se ruer en masses plus ou bien moins disciplinées contre des peuples voisins, et de les tuer en gros, en détail, par armées, par légions, par hordes, *per fas et nefas* ?

Ainsi les Prussiens avouent qu'ils ont fusillé 26 paysans alsaciens qui, fanatisés par les prêtres, s'étaient attaqués à des blessés et à des hommes sans défense. Ce reproche est sans fondement. Mais eux, les Prussiens, qu'ont-ils fait, que font-ils, chaque jour ?

Voyez un peu la bonne foi prussienne, cette foi punique bien digne des anciens Carthaginois! A Wœrth, ils fusillent 20 infortunés, qui défendent leurs femmes et leurs chaumières. Mais alors, afin de tromper l'Europe, ils écrivent, dans la *Gazette de Francfort*, que les habitants de Wœrth *ayant exercé des cruautés sur des blessés allemands, leur ville a été traitée en ennemie et ses habitants passés par les armes.*

C'est ainsi qu'ils ont traité la bourgade de Mouzon, dans les Ardennes, parce que des paysans ont voulu protéger leurs maisons.

C'est ainsi que, non loin de là, ils ont traité Bazeilles.

Le 31 août, au matin, les courageux habitants de Bazeilles, voyant l'ennemi arriver, revêtent leurs uniformes de gardes nationaux et aident l'armée française à se défendre contre un corps de Bavarois et une division prussienne. L'armée française est repoussée. Alors l'ennemi pénètre dans Bazeilles, et incontinent commencent des scènes d'horreur et des excès sans nom qui flétrissent pour toujours ceux qui les commettent. Bavarois et Prussiens, pour punir les courageux habitants de Bazeilles qui se sont défendus, mettent le feu au village. La plupart des gardes nationaux étaient morts dans la lutte, cependant.

Néanmoins on traque la population, qui se réfugie dans les caves. Alors femmes, enfants et vieillards sont brûlés. Sur 2,000 personnes, 300 restent à peine, mais elles suffisent pour raconter qu'elles ont vu les Bavarois repousser des familles entières dans les flammes, d'où elles voulaient et pouvaient s'échapper, et fusiller de pauvres femmes et de timides enfants qui cherchaient à s'enfuir. M. le duc de Fitz-James a vu, de ses yeux vu, les ruines fumantes de ce malheureux village. Il n'en reste pas une maison debout. Une odeur de chair humaine rôtie, grillée, le prenait à la gorge. Aussi s'est-il arrêté, le cœur serré, l'âme oppressée, devant le corps carbonisé de très nombreuses victimes de pareilles expiations, et en présence de restes calcinés de femmes infortunées, obstruant encore l'entrée de leurs chaumières... Est-ce assez horrible?...

Telle est l'œuvre des Bavarois et des Prussiens! Ils ont immolé des femmes, des enfants et des vieillards...

C'est bien digne de pareils sauvages!

Ainsi ont-ils traité bien d'autres villages sans défense dans notre Alsace et notre Lorraine, hélas! les lâches!

Oui, *notre* Alsace et *notre* Lorraine quand même!...

Un trait inouï à joindre au compte de ces gredins : ils fusillent nos francs-tireurs, au lieu de les faire prisonniers. Le procureur impérial de Wissembourg, qui commandait la compagnie des francs-tireurs de cette ville, a été fusillé avec les hommes qu'ils sont parvenus à cerner et à prendre...

Donc, nous voilà bel et bien avertis! Mais la conclusion à tirer, c'est que nous aussi, dès-lors, nous fusillerons leurs prisonniers, leurs déserteurs, leurs blessés, puisque c'est une guerre de Peaux-Rouges qu'ils nous font...

Vous verrez qu'on en arrivera au scalp!

Un mot, un seul, pour expliquer ce cannibalisme des Prussiens : nos francs-tireurs les effraient, ils en ont peur, une peur qui leur fait tourner bride... Du moment qu'ils apprennent qu'il y a des francs-tireurs sur tel ou tel point qu'ils doivent franchir, et où ils sont appelés par les hasards de la guerre, souvent aussi par le caprice de leur fuite, combien qui, débandés, errent tout-à-fait à l'aventure.

Ah! c'est qu'ils ont appris à leurs dépens à connaître et par-là même à redouter l'admirable dévoûment de ces braves francs-tireurs, l'élan héroïque, le patriotisme et la force chevaleresque de chacun de nos généreux soldats!

Par exemple, après la bataille de Wissembourg, nos pauvres héros, prisonniers de guerre, étaient envoyés sur le Rhin, pour de là entrer dans quelque place forte de l'Allemagne. Or, le général prussien de Bittenfeld, un de ces hommes sans cœur, ayant à ses côtés trois officiers d'état-major et un colonel aussi dur que lui, les suivait du regard, d'un regard sec et terne. Tout-à-coup les rangs s'écartent, le prince de Prusse arrive, se découvre respectueusement, et se tournant vers M. de Bittenfeld et ses sbires :

— Découvrez-vous donc, vous aussi, Messieurs, et saluez le courage malheureux !... leur dit-il d'une voix sévère. Je n'ai de ma vie rien vu d'aussi brave que ces soldats trahis par la fortune !...

Aussi notre généreux Mac-Mahon, commandant le 1er corps de notre armée, disait dans son ordre du jour :

« Soldats, dans la journée du 6 août, la fortune a trompé votre courage; vous n'avez perdu vos positions qu'après une résistance héroïque qui n'a pas duré moins de neuf heures. *Vous étiez* 35,000, *combattant contre* 140,000, et vous avez été accablés par le nombre. Dans ces conditions, une défaite est glorieuse, et l'histoire dira qu'à la bataille de Frœschwiller, les Français ont déployé la plus grande valeur. Vous avez éprouvé des pertes sensibles, mais celles de l'ennemi sont plus considérables encore. Si vous n'avez pas été poursuivis, cherchez-en la cause dans le mal que vous lui avez fait... Le 1ᵉʳ corps va se reconstituer, et, Dieu aidant, nous prendrons bientôt une éclatante revanche!... »

Oui, l'HISTOIRE parlera. Oui, l'HISTOIRE dira la vaillance française et la honteuse lâcheté prussienne; que Guillaume et Bismark ne l'oublient pas! Leurs noms figureront au pilori de l'infamie, et ceux de nos héros seront gravés sur le bronze de la gloire!

En effet, à la fin de cette lutte sublime de ses 35,000 soldats contre 140,000 du prince royal de Prusse, Mac-Mahon, voyant qu'il n'avait plus de munitions, voyant qu'il fallait abandonner le champ de bataille tellement couvert de morts que les survivants se fusillaient en s'abritant derrière les cadavres amoncelés, le brave vainqueur de Malakoff, de Magenta, de Solférino, au désespoir, fit venir les cinq colonels de ses régiments de cavalerie. C'était Girard, du 2ᵉ de lanciers; Tripard, du 6ᵉ de même arme; le colonel, dont j'ignore le nom, du 10ᵉ de dragons; de la Rochère, du 8ᵉ de cuirassiers, et Waterman, du 9ᵉ; alors, il se jeta dans leurs bras et les embrassa en leur demandant de se sacrifier pour sauver les débris du corps d'armée...

Ces nouveaux Léonidas remplirent aussitôt leur mandat d'honneur! L'âme de Mac-Mahon était passée dans leur âme, et, dans un éclair suprême, ils virent, du même coup, la mort inévitable et le salut de la patrie. Braves colonels, ils avaient eu leur récompense dans l'accolade du héros!

Les commandants, eux aussi, eurent leur récompense de mort. Le colonel de chaque régiment les fit venir et leur dit : « Vous savez?... C'est là!... » Et de la parole et du geste, ils répondirent : « Oui! »

Les officiers aussi eurent leur récompense. Chaque commandant ayant tiré son sabre, ils comprirent et s'élancèrent vers le trépas!...

Oui encore, le nom de chacun d'eux figure dans les bulletins avant-coureurs de l'histoire. Ils auront une immortalité nominative. Ils légueront à leurs familles une part spéciale de légende et de gloire !...

Celui qui ne laissera rien, qui ne léguera rien que ses os à la terre, et peut-être son souvenir perdu dans le coin du cœur maternel, c'est lui, c'est le simple soldat, c'est l'homme de fer qui n'est dans le rang qu'un numéro, qui n'est dans la bataille qu'un chiffre, une épée dans la charge : c'est le cuirassier inconnu, sans grade et sans nom, c'est l'homme qui meurt par cette unique raison que la trompette a sonné et que le moment est venu de mourir. Il sait tout aussi bien que les autres le sort qui l'attend, il sait où on le mène, et il va les yeux fermés, fatal comme une consigne et inconscient comme un boulet. Sa mission est de faire un trou dans la mêlée, il le fait ; son devoir est de rester dans cette fosse qu'il a creusée lui-même, et il y reste. Peu lui importe ce qu'il a devant lui : hommes ou canons, il se précipite, il sabre, il tue, il tombe, il meurt... et, le lendemain, quand on demande au général où sont les lanciers, où sont les cuirassiers, où sont les dragons, le général paraît sortir d'un rêve :

— Les cuirassiers ?... dit-il... il n'y en a plus !

Admirables cuirassiers des 8° et 9° régiments, la France et l'histoire se souviendront de vous !

De vous aussi l'histoire parlera, brave marquis d'Espeuilles !

Sur un autre théâtre, la veille, à Wissembourg, un autre colonel de cavalerie, le marquis d'Espeuilles, récemment placé à la tête du 3° de hussards, le colonel d'Espeuilles, dis-je, à peine âgé de 40 ans, pour donner le temps aux régiments surpris de la division A. Douay, charge *dix-sept fois* de suite, et sans interruption, les colonnes prussiennes. A la 17° fois, le régiment est réduit à 50 cavaliers, et leur héroïque colonel, couvert de blessures, s'élance une fois encore à sa tête, le sabre en main...

Oui, l'histoire parlera de vous !...

VIII

Que diront les Prussiens en relisant ces lignes extraites du
RHIN, par Victor Hugo :

« La géographie donne, avec cette volonté inflexible des
pentes, des bassins et des versants que tous les Congrès du
monde ne peuvent contrarier longtemps; la géographie
donne la rive gauche du Rhin à la France !...

» La divine Providence lui a donné trois fois les deux rives : sous Pépin-le-Bref, sous Charlemagne et sous Napoléon. »

Et, autre part, le même auteur ajoute :

« Le Rhin est la limite naturelle et majestueuse de la
France. »

Mais le bon Guillaume ne s'arrête pas pour si peu.

Depuis qu'il a triomphé à Wissembourg, à Freschwiller,
à Forbach, il s'est regardé comme souverain du grand fleuve;
aussi a-t-il nommé des gouverneurs généraux de l'Alsace et
de la Lorraine. Il n'a pas oublié non plus une collection de
percepteurs choisie parmi la fleur des cocodès de Berlin.
C'était là un point important : l'argent! et vous voyez que
le noble oiseau de proie a pensé à tout...

J'ai sous les yeux la traduction d'un livre allemand qui a
pour titre : *Des défenses naturelles et artificielles de la
France, en cas d'une invasion allemande.* Vous voyez qu'on
songe depuis longtemps à envahir notre pays. Or, dans ce
livre, il y a tout un plan de campagne :

« Au nord-est, dit-il, la France ne possède pas de frontière
naturelle. Différentes routes peuvent conduire une armée
d'invasion à Paris à travers les défenses artificielles qui ga-
rantissent le nord-est et l'est. La plus courte de ces routes
est celle qui part de la Belgique. On voit immédiatement
qu'il est de la plus haute importance pour l'Allemagne de
pouvoir disposer de ce pays en cas de guerre, afin d'y établir
la base d'opération d'une armée d'invasion. »

Avis à la Belgique. — Après avoir étudié l'invasion par la

Belgique, l'auteur l'étudie par la frontière qui va de Longwy au Rhin. Il prend enfin l'invasion partant de la Sarre et se dirigeant sur Paris par la Meuse et la Marne, etc., toutes choses réalisées en ce moment, en effet.

Si nos généraux n'ont pas lu le *factum* militaire, tant pis ! Toutes les hypothèses sont prévues, même le siége de Paris...

Une idée nette de l'ambition prussienne et de sa politique :

La Prusse veut la Hollande pour avoir des ports. Nous avons vu tout-à-l'heure qu'elle voulait la Belgique pour dominer la France par le nord. Elle rêve la ruine de l'Autriche et le démembrement de la Suisse, ainsi qu'en témoigne la fameuse carte de l'Empire d'Allemagne, dont je vous ai parlé précédemment. Plus tard, si elle réussit à nous battre, ce qui arrive malheureusement, hélas! nous la verrons mettre à contribution la Russie en lui prenant les provinces baltiques. En attendant, elle dit : *Le système de défense de la France serait considérablement affaibli par l'enlèvement de la Lorraine et de l'Alsace, et par leur annexion à l'Allemagne.*

Nous sommes avertis. Ainsi donc, Français de tous les partis, ne récriminez plus, unissez vos efforts. Le temps des objurgations est passé, plus de patience ! On veut nous prendre nos belles provinces qui jamais n'ont été prussiennes ! Nous laisserons-nous enlever l'Alsace et la Lorraine? Non, mille fois non! Aux armes, le loup est dans la bergerie!

Pour vous qui n'avez peut-être pas vu de soldats prussiens, lecteurs, voici leur portrait, le portrait des fantassins qui composent l'immense majorité de leur armée :

Les fantassins prussiens ont le casque à pointe, dont l'aspect est fort étrange. Ce casque, très court, peu élevé, forme rebord en avant en guise de visière, et en arrière pour protéger la nuque. Sur le devant, étoile dorée. Ils portent des bottes dans le pantalon, et ils sont tout entiers couverts d'une longue et large capote bleu sombre, qui leur sert de tente et de lit de campement. Leur fusil est armé d'une baïonnette très longue. Il est plus long et plus lourd que le nôtre; de plus, pour armer, il faut faire trois mouvements, au lieu de deux chez nous.

Ces pauvres gens, obligés de se battre de par M. de Bismark, ne sont pas tous des loups ravisseurs. Beaucoup sont des jeunes gens de 20 à 22 ans. Ils s'expriment quelquefois en français, avec un accent très doux. L'un d'eux, un caporal, fils d'un marchand de Dresde, m'affirma un jour que presque tous ses camarades détestent cette guerre, qu'ils y viennent bien malgré eux, mais en maudissant M. de Bismark, à l'égal du roi et de notre empereur... La vue des enfants produit sur les soldats prussiens une impression profonde. Il en est qui sont pères de famille, et l'on sait combien, en Allemagne, le sentiment paternel est énergique.

J'ai vu un uhlan, qui gardait un télégraphe, causer avec la petite fille de l'employé. Tout-à-coup il se mit la tête entre les mains et pleura à chaudes larmes. Il pensait aux siens, et son cœur se brisait.

Un habitant de Conflans me raconte que voulant se réfugier à Etain avec sa femme et ses enfants, il était allé demander un sauf-conduit à l'officier commandant le poste. Celui-ci le lui donna, puis il regarda les enfants d'un air naturellement triste, et dit doucement :

— Vous êtes encore bien heureux, vous, Monsieur; au moins, vous avez vos enfants!...

Les uhlans ne sont autres que nos lanciers; même costume, sauf la couleur bleu tendre qui leur est imposée, même schapska carré pour coiffure. Seulement le uhlan éclaireur, ou traînard, aime à piller...

Je l'ai dit : Dieu veut sans doute nous punir, car il nous envoie de cruels revers. Cependant nous avons eu quelques victoires.

Après le succès de Gravelotte, dont je vous ai parlé, nous avons vaincu à Saint-Privat, et ailleurs.

Un épisode de l'une de ces victoires sanglantes, épisode

qui tient trop du roman pour être vrai. Je l'enregistre néanmoins, car il a peut-être une raison d'être quelconque dans
les innombrables péripéties de ces drames épouvantables, et
dans les accidents de terrain du pays.

Le jour où commença la terrible bataille du 16 août, un
voiturier se trouvait avec son attelage dans le voisinage des
carrières de Jaumont, immense gouffre béant d'une largeur
fort étendue, car ces carrières sont exploitées depuis des siècles, et de cette profondeur qu'une maison de 8 à 9 étages
peut avoir en hauteur; les balles et les boulets commençaient
à pleuvoir autour de lui; notre paysan laissa là sa voiture, et
courut à Jaumont, qu'il connaissait bien pour y avoir tra-
vaillé maintes et maintes fois, et où il se blottit dans un creux
de rocher, dont la voûte le protégeait. Le vaste gouffre des
carrières, mêlées d'arbres et de blocs de pierres, s'étendait
tout autour de lui. La bataille allait et venait. De sa retraite
le voiturier entendait le bruit du canon qui s'approchait et
s'éloignait. C'était comme une tempête furieuse dont le retentissement épouvantable lui indiquait les oscillations des
deux armées qui se choquaient au-dessus de sa tête. Un moment vint où le bruit formidable se rapprocha. Les détonations devenaient de plus en plus rapides. Ce ne fut bientôt
plus qu'un long grondement dont le tonnerre remplissait la
montagne.

Tout-à-coup une rude clameur s'éleva, clameur si violente
et si terrible que le fracas de la bataille en fut étouffé, et
tout aussitôt une avalanche d'hommes et de chevaux passa
dans le vide et disparut dans l'abîme. D'autres hommes venaient ensuite, par grappes, par nappes, fantassins, cavaliers, fourgons d'artillerie, pièces de canon, des bataillons
égrenés dans l'espace, chasseurs, hussards, dragons, tout un
régiment de lanciers, et ces bandes affolées s'enfonçaient dans
l'abîme, et la clameur retentissait toujours.

Pâle de terreur, le voiturier dans son trou eut comme un
éblouissement, à la vue de cet écroulement de toute une

armée. Aussi ferma-t-il les yeux. Chute, clameur sans nom, durèrent alors tant qu'il y eut un homme et un cheval survenant au bord des carrières. Mais, en bas, dans le même temps, c'était un entassement hideux de cadavres, un soulèvement animé, agité de mouvements confus.

A la chute du jour, le paysan tout tremblant sortit de sa cachette et se sauva sans oser regarder au fond de l'abîme.

Le silence s'y était fait. A peine entendait-on quelques râlements étouffés, quelques hennissements de chevaux brisés, moulus, à demi morts...

Que s'était-il donc passé?

Au plus fort de la bataille, et après sept ou huit attaques infructueuses pour emporter les lignes occupées par les régiments français, l'armée prussienne, ramenée par le prince Frédéric-Charles, tentait un suprême assaut. Au moment où ses profondes colonnes s'élançaient, le maréchal Canrobert jeta ses divisions à leur rencontre.

Ce fut comme le choc de deux locomotives.

Pendant un quart d'heure, les deux corps d'armée, mêlés et enchevêtrés l'un dans l'autre, luttèrent sur le même terrain avec un acharnement incomparable. Le carnage était horrible! Enfin l'un d'eux, celui des Prussiens, plia... Les colonnes qui s'avançaient reculèrent. Des charges formidables de cavalerie en rompirent les rangs, et les vaincus, rencontrant dans leur fuite le gouffre béant des carrières, s'y précipitèrent, comme il vient d'être dit. Leur masse broyée par l'artillerie voulut s'arrêter; mais le choc des régiments débandés la poussait toujours, et elle s'engloutissait sans fin... C'est alors que s'éleva cette inimaginable clameur dont le retentissement suspendit un instant l'effort des deux armées...

Le prince Frédéric-Charles était dans une rage inimaginable. Mais ce revers n'empêcha pas le roi Guillaume, dans sa royale sincérité, de télégraphier à la reine Augusta, à Berlin :

— *Nous avons vaincu les Français à Jaumont... Tout va bien, très bien...*

III

LES INFAMIES PRUSSIENNES.

I

Après une lutte formidable de trois jours, après d'incroyables prodiges d'héroïsme de la part de notre vaillante armée, nos soldats, mal conduits, mal dirigés, trahis par celui même qui avait eu la prétention de les mener à la victoire, furent cruellement vaincus et honteusement livrés à l'ennemi.

Sedan fut le théâtre de cet exécrable désastre !

Sedan!... désormais ce nom de l'une de nos villes fortes des frontières allemandes ne sera plus prononcé qu'avec la rage dans le cœur et le désespoir dans l'âme.

Napoléon III, cause première de notre défaite, y consomma notre ruine; mais aussi la sienne propre s'y accomplit à tout jamais. Ce misérable empereur eut la honte de se livrer au roi de Prusse, qui lui fit subir les fourches caudines du mépris et lui fit boire la coupe de l'amertume jusqu'à la lie...

Aussi, alors que ce prince incapable se rendait en Allemagne, comme prisonnier de guerre, Paris, indigné, accomplissait une révolution soudaine, sans coup férir, et sans qu'il se levât un défenseur du maudit.

Dès lors la déchéance du second Empire s'accomplissait, et la République était proclamée à l'Hôtel-de-Ville, sous le titre de GOUVERNEMENT DE LA DÉFENSE NATIONALE.

Ce titre suffit à lui rallier, sans distinction d'opinions,

toutes les classes de la société, de sorte que l'on peut dire que cette catastrophe imprévue et l'avénement de la République nouvelle sont sans exemple dans l'histoire du temps.

Ce fut le 29 août que Sedan voyait l'Empereur s'éloigner de la France et nos légions défaites;

Et c'était le 4 septembre que la France redevenait une troisième fois République.

Ainsi, en quelques heures, un trône fondé depuis dix-neuf ans s'écroulait; l'édifice, dont l'invasion étrangère devenait le couronnement, s'effondrait comme une masse fragile et friable, dont les dehors sont brillants, mais dont le dedans est de cendres.

Chute inouïe dans les annales du passé; chute qui a frappé de stupeur tous ces hommes qui vivaient d'illusions trompeuses et de funestes chimères!...

II

Quelle que fût la forme du gouvernement appelé à succéder à l'empire, il fallait un pouvoir nouveau pour faire face à l'ennemi.

MM. Jules Favre, Ernest Picard, Gambetta, et autres républicains de la veille, furent ce nouveau pouvoir.

En effet, la France était envahie par les innombrables hordes prussiennes, qui déjà venaient de détruire deux de nos armées.

Mais, en outre, Paris était menacé. Le flot allemand se portait incessamment vers ses murs...

Au début de la guerre, le roi de Prusse avait dit, répété, proclamé, affiché, publié à son de trompe :

« Ce n'est pas contre la France que je tire mon épée, mais bien contre l'Empereur des Français!... »

Dès lors, Napoléon III étant tombé, on pouvait croire que la guerre était finie et que la paix allait être faite. Ah! bien oui! Le bon Guillaume rit fort de sa parole royale donnée!...

Il s'écrie, tout au contraire, maintenant :

« Ce n'est pas à la France que je fais la guerre, mais à l'armée française!... »

Mauvais farceur couronné!

Fides punica! Que par cruelle infortune, ce dont Dieu nous garde! notre nouvelle armée soit encore vaincue, anéantie, le tartufe royal s'écriera encore :

« Ce n'est pas à la France que j'en veux, oh non! mais c'est à la République française, à présent! »

Oui, oui, *fides punica!* Mais laissons mentir l'avide souverain, et qu'il fasse le siége de Paris, ce pinacle ambitionné de la gloire militaire prussienne, cet acrotère de son amoncellement d'annexions, de rapines et de pillages, qui sait ce qui adviendra? Dieu protège la France, peut-être nous tendra-t-il une main secourable...

Je ne vous ferai pas suivre les Prussiens au siége de Paris, chers lecteurs.

De sa voix mâle et sévère, l'histoire vous racontera ce long drame formidable, et elle fera part de tous les héroïsmes et de toutes les gloires, dans cette lutte du fer, du feu, de la famine et de toutes les misères de l'humanité réunies.

Dans ces quelques pages, qui peuvent tenir lieu de préface à l'histoire nouvelle de la patrie après le grand deuil de l'invasion allemande, j'ai uniquement pour but de vous faire connaître les gigantesques, les monstrueuses infamies prussiennes, au milieu de notre dix-neuvième siècle, le siècle des Lumières, le siècle du Progrès, l'ère de la Civilisation!

Triste civilisation! la Prusse la fait reculer de bien des années, pour nous ramener vers la barbarie, dont elle donne de si étranges leçons!...

Pourvu que notre bas peuple de France ne s'instruise pas à ces leçons, et qu'il ne cherche pas à devenir l'émule du Prussien, dans la haine de ce qui est grand, pur et noble, et par le pillage, les exactions, le vol, le brigandage, le meurtre, et la ruine, à l'endroit de tous ceux auxquels il porte envie!...

Nous allons donc simplement parler des réquisitions prussiennes et des infâmes exactions de leurs armées :

De leurs pillages et de leurs rapines ;

Des horribles incendies dont ils ont fait leurs jeux et leurs fêtes;

Des siéges et du bombardement de nos principales forteresses;

En un mot, de toutes leurs violations du droit des gens, de tous leurs crimes, de toutes leurs voracités, et des mille turpitudes dont rougit un peuple policé...

Comme bagatelle de la porte, voici, par exemple, la liste curieuse des contributions imposées à la petite ville de Saverne, par le chef de corps des hordes prussiennes, à leur entrée dans ses murs :

Dix mille pains de trois kilogrammes ; soixante bœufs tués; huit mille kilogrammes de riz; douze cent cinquante de café torréfié; sept cent cinquante de sel; cinq cents kilogrammes de tabac, ou cent quatre-vingt mille cigares au choix, pour les soldats ; soixante-quinze mille cigares fins pour MM. les officiers; dix mille litres de vin pour les soldats; trois mille de vin supérieur rouge pour les chefs ; deux mille litres de vin Bourgogne; deux cents bouteilles de Champagne; soixante mille kilogrammes d'avoine; vingt-cinq mille de foin et vingt-cinq mille de paille...

J'aurais à votre disposition nombre de semblables feuilles de réquisitions; mais leur répétition serait fastidieuse, si elle n'engendrait pas le dégoût.

Que n'aurions-nous pas à dire des exactions commises à Nancy, l'admirable capitale de notre belle Lorraine, par exemple encore?

Depuis et pendant toute l'invasion prussienne de la France, tout habitant de Nancy a dû loger, chaque jour, deux ou trois officiers, et une dizaine de soldats. Un jour, il a passé par la ville 40,000 Bavarois; on exigea qu'ils fussent tous logés aux environs de la place Stanislas. Que fit-on? On les

conduisit par bandes de cent devant une maison quelconque;
ils y entraient, s'y installaient, buvaient et mangeaient... Et
il fallait servir ces gens-là! aussi beaucoup d'habitants ayant
quitté Nancy, leurs maisons ont été ouvertes de force et
remplies de soldats qui, n'y trouvant personne pour les
servir, se servaient eux-mêmes, défonçant les caves, les ar-
moires, etc.

Dans les villages, c'était bien pis. Ils maltraitaient les
paysans et s'abandonnaient à d'inimaginables atrocités. A
Pont-Saint-Vincent, un colonel et ses officiers ont battu,
battu, vous entendez bien! la baronne S..., une femme du
meilleur monde; ils ont fait leurs ordures dans sa chambre à
coucher... A Laxon, non loin de Nancy, ils ont transformé
l'église en écurie; ils ont attaché au cou d'une statue de la
Vierge un collier de têtes de canards; ils ont également fait
leurs ordures derrière l'autel.

Ils ont affiché eux-mêmes la nouvelle de leur victoire de
Sedan, en allemand et en français; mais on a arraché leurs
affiches. Les soldats, le soir venu, ont chanté devant les cafés
des chansons obscènes; aussitôt les Nancéens ont entonné la
Marseillaise. Sur ce, des troupes ont chargé la foule.
On a même arrêté un marchand du nom de Thierry, qui a
été condamné à mort. Il n'a pas été exécuté; et peut-être sa
condamnation sera-t-elle commuée en dix années d'empri-
sonnement dans une forteresse.

Tous les matins on fusille des paysans. Le jour où la proclamation de la République a été faite, la ville a failli être
mise à feu et à sang. On a placé sur la place Stanislas, là la
barbe des Prussiens, une affiche immense portant ces mots :
« Vive la République! Mort aux Prussiens! » Vous vous
imaginez si toute la cité a crié : « Mort aux Prussiens! »
Cinq cents citoyens ont été immédiatement chargés par un
bataillon ennemi. Il y a eu vingt blessés peut-être, et il s'en
fallut peu que cette rixe ne dégénérât en une horrible boucherie.

Depuis le 10 septembre a paru dans la ville un *Moniteur officiel du Gouvernement de la Lorraine et du préfet de la Meurthe, publié par ordre civil de la Lorraine* (SIC). On y rend compte, aux nouvelles diverses, des fusillades quotidiennes. On contraint les habitants à s'abonner à cette feuille. L'imprimeur de la préfecture n'ayant pas voulu l'imprimer, on a contraint ses ouvriers à travailler, sous les menaces les plus barbares. On voit par ce journal qu'ils comptent garder l'Alsace et la Lorraine...

— Plutôt mourir!... disent les Nancéens.

Tout-à-l'heure je vous donnais un spécimen des réquisitions de MM. les Prussiens, et je signalais celles de Saverne. Voulez-vous avoir une idée de celles qui sont imposées à Nancy? lisez :

On a commencé par prendre tous les chevaux et les voitures. On exige ensuite des centaines de mille kilogrammes de farine, de blé, d'avoine, de sucre, de café. N'a-t-on pas demandé en une seule réquisition 2,000 kilos de cette dernière denrée coloniale? On a eu toutes les peines du monde à leur faire comprendre que cela n'existe pas.

Le gouverneur et sa suite, au nombre de 20 personnes, sont nourris aux frais de la ville. Ces misérables Prussiens, sales et dégoûtants, ne présentent-ils pas des réquisitions de pommades, de cosmétiques, de vinaigres et savons de toilette? Une certaine note écrite demandait même dix *kilomètres* de flanelle (*sic.*) En outre, à raison de la chaleur du midi, à certains jours, ces pendards réclament 50 litres de sirops de groseille et de framboise, des confitures de Bar, etc.

Quant aux réquisitions de Champagne et de Bordeaux, afin de célébrer leurs victoires, elles ne comptent plus. Le Champagne étant fort au goût de ces gloutons, ils ne voudraient boire que ce vin, et le meilleur !

Il paraît que les Prussiens sont si misérables dans leur pays, qu'ils cherchent à s'en donner pour longtemps. Mais il ne leur restera que le souvenir de leurs orgies, espérons-le de la miséricorde du Seigneur !

Outre les réquisitions en nature, Nancy est frappée d'un impôt de 3,000,000 de francs, payable mensuellement.

Or, nous sommes au XIXᵉ siècle, et notre patrie s'appelle la France !... Pauvre France, qu'as-tu donc fait à Dieu pour qu'il te châtie d'une façon si rigoureuse, que tu ne puisses briser le joug de ces caraïbes, de ces affreux cannibales que l'on appelle Prussiens ?...

Si l'espace ne me faisait défaut, que n'aurais-je pas à dire des violences inouïes, des réquisitions infâmes, des contributions audacieuses, des vols comme n'en commettent pas les forçats, dont les Prussiens font le théâtre les palais de nos évêques français, les manoirs de notre noblesse, les châteaux de nos financiers, les moindres villes et les plus grandes de nos cités : Orléans, Rouen, Le Mans, Amiens, Beauvais, Soissons, Dijon, Beaune, et bien d'autres encore ? Certes, la postérité ne pourra jamais croire à tant de déprédations ignominieuses, aux rapines monstrueuses et aux honteuses orgies de ces misérables appelés Von der Thann, Manteuffel, Schmitt, et autres voleurs *ejusdem farinæ*.

Quelques mots des bombardements de nos grandes forteresses : Phalsbourg, Bitche, Thionville, Montmédy, Toul, Laon, Verdun, Metz, Strasbourg, Strasbourg surtout !

Un ancien directeur du Vaudeville, aujourd'hui commissaire central à Strabourg, M. Goudchaux, adressait son testament à sa famille, à Paris, au début de la guerre. La lettre d'envoi se terminait ainsi :

« Si les Prussiens entrent à Strasbourg, c'est que nous serons tous morts en combattant... »

Quant au vaillant, au généreux général qui commande dans cette capitale de l'Alsace, son éloge est tout entier dans un trait que rappelle le *Volontaire* :

« Un jour, le colonel Cassaigne, aide-de-camp du maréchal Pélissier, lui lisait un rapport sur une attaque des Russes, laquelle avait été repoussée, mais qui démontrait un point très faible des assiégeants.

» — Le point faible l'est en réalité, répond Pélissier ; mais je suis tranquille, car Uhrich est là... pour le défendre !... »

Voyons un peu comment procèdent les Prussiens dans les siéges et les bombardements de nos villes de guerre...

Le bombardement de Strasbourg commence le 14 août, au soir. Environ huit maisons prennent feu au faubourg National.

Le lendemain 15, à 9 heures, les hostilités recommencent. Des bombes, des obus, des boulets abîment la malheureuse cité et y allument en plusieurs endroits des incendies. Du 15 au 20, la ville est bombardée, mais seulement la nuit.

Postés dans les environs, les Badois, — remarquez que ce sont les voisins les plus immédiats de Strasbourg auxquels est réservée la gloire de réduire en cendres une ville de 80,000 âmes, — les Badois, sous la direction du farouche de Werder, ouvrent un feu meurtrier. A l'approche du jour, ils se retirent dans les villages les plus éloignés de la ville, pour reprendre ensuite, au retour de la nuit, leur attaque meurtrière. Remarquez aussi quelle est la tactique des assié-geants. Ils tirent sans trève, et pourtant aucun défenseur de la place debout sur les remparts n'a encore été atteint. Les tours, les palissades, les portes de la cité, vers le 25, tout est intact.

Les Allemands ont pour but, non pas de détruire l'assiégé, mais de brûler la ville, de ruiner la population, de la pousser par l'excès du désespoir à contraindre les troupes à se rendre et à livrer la ville. Effrayé d'une pareille tactique, le com-mandant de la place envoie en parlementaire le capitaine Rœderer, afin d'obtenir du cruel Werder l'autorisation de faire sortir des murs les enfants et les femmes. Mais cela dé-rangerait le calcul de l'envahisseur. Le misérable refusa donc impitoyablement, car, dit-il, « les femmes et les en-fants sauvés, la ville pourrait ne pas se rendre... »

Or, en digne Prussien, c'est par les femmes et les enfants qu'il menace, qu'il écrase et qu'il tue, que le lâche assiégeant prétend faire rendre Strasbourg.

Le trompette qui accompagne le capitaine Rœderer est tué à ses côtés, et le capitaine lui-même est blessé.

Mais alors, à partir du 25 août, les Badois, ayant pu faire arriver leurs pièces de gros calibre, furent en état de tout réduire en cendres. Aussi l'infortunée Strasbourg eut-elle bientôt à souffrir les horreurs du siége et du bombardement. Des rues entières furent livrées aux flammes, et celle du Dôme n'offrit bientôt plus que des ruines.

La bibliothèque de la ville, trésor inappréciable d'érudition, fut anéantie. Le gymnase protestant n'exista plus quelques jours après. Le Temple-Neuf prit feu. La Krutenau et le Marais-Kaginek furent convertis en décombres. L'Aubette, la galerie de tableaux, Scheideker, l'église Saint-Thomas, avec son fameux mausolée du maréchal de Saxe, furent détruits. Partout la dévastation, partout la flamme, partout la ruine.

Les malheureux habitants, réfugiés dans les caves, voient leurs demeures embrasées, et ne peuvent les secourir; les bombes, les obus, les fusées attisent sans relâche l'action de l'incendie. Nombre de citoyens sont tués; beaucoup sont blessés; et jusque dans les ambulances, les hospices et les pensionnats de jeunes filles, la mort est portée par les canons des Badois, qui jusqu'à ce jour n'ont vécu que des richesses de la France et des ressources qu'ils puisent dans leurs relations et transactions avec les Strasbourgeois. Mais leur besoin de vengeance aveugle rend les Allemands jaloux de montrer au monde ce que leur prétendue civilisation leur permet de faire.

Ainsi les statues de Kléber et de Guttemberg sont endommagées.

Ainsi la cathédrale, cette œuvre admirable de l'art allemand, est perforée dans tous les sens; elle est à la veille de s'écrouler. Son merveilleux clocher, travail exquis du moyen-âge, penche sur sa base.

Vainement le pieux évêque de la cité s'empresse d'aller solliciter le général de Werder d'avoir pitié des monuments historiques; il est rudement, brutalement repoussé. Vainement le saint prélat meurt d'affliction; ce n'est toujours pas aux remparts, ni aux bastions de la ville que s'adressent les pièces de siége des Badois, c'est à la ville même, c'est-à-dire aux maisons de ses habitants, c'est aux hôpitaux, c'est aux établissements de charité qu'elles envoient la pluie de projectiles qui doit faire périr tant et tant de victimes innocentes.

A voir la façon odieuse dont ces Allemands, nouveaux Vandales, se servent pour contraindre Strasbourg à capituler, on se demande ce que deviennent leurs étranges prétentions à la propagande civilisatrice et leur pédantisme d'école. Les voilà donc, ces barbares frottés de métaphysique, ces trissotins d'université, ces idéologues démolisseurs, qui prêchent si fort les principes de la régénération sociale, qui s'acharnent sur les chefs-d'œuvre de l'art, de l'art gothique, de l'art allemand lui-même! Invoqueront-ils les rudes nécessités de la guerre?... Mais où donc la nécessité de tirer sur une cathédrale, joyau des vieux temps, pour battre la forteresse?

Oh! ce bombardement de Strasbourg par les Prussiens restera le plus grand deuil de la France. Les moyens de sauvage employés par M. de Bismark pour s'annexer une ville, que lui-même déclarait allemande et non française, doivent être un avertissement pour les alliés qui, après l'avoir suivi dans cette abominable tâche, essaieraient de résister à leur tour.

Ils ont brûlé la bibliothèque, les iconoclastes!

Ils ont mis le musée en cendres, les misérables!

C'est horrible, et ni les Goths, ni les Huns, leurs dignes ancêtres, n'avaient fait pis dans le saccagement de Rome.

Nous sommes, nous, beaucoup trop les gens de notre époque, pour rendre la pareille à Stuttgard, à Munich, à Dresde et à Berlin; mais à l'heure des comptes suprêmes, et elle viendra, cette heure! nous nous souviendrons qu'à Stuttgard, à Munich, à Dresde et à Berlin, il y a de précieuses bibliothèques. Or, tous, musées et bibliothèques, devront payer leur dîme de chefs-d'œuvre, pour nous dédommager de ce que nous avons perdu à Strasbourg.

Dans le siége de Rome, nous Français, nous avions tellement épargné les monuments antiques et modernes, que pas un ne fut touché. Mais nous sommes les fils de la lumière, nous, et les Prussiens sont les démons des ténèbres.

N'oubliez pas, je vous l'ai dit, que les Badois sont les plus proches voisins de la vaillante Strasbourg...

Honte et malédiction sur les Badois!

Gloire et honneur à l'admirable et généreux général Uhrich; il a fait tout ce qu'il était humainement possible pour défendre la grande cité qui lui était confiée!...

III

Paris, lui aussi, notre Paris, a dû capituler!

Tout-à-coup, voici que, en septembre, l'ouragan prussien s'abat sur notre capitale, accomplissant tout autour de la ville les scènes de la plus impitoyable dévastation. Puis les hordes allemandes soudent les lignes interminables du plus formidable investissement.

Dans un immense périmètre aux alentours de Paris, les villages s'abîment sous le niveau meurtrier des travaux et des opérations de l'armée ennemie; les églises s'effondrent, châteaux historiques et villes luxueuses ne tiennent plus au sol que par quelque pan de muraille. Broyées par les obus, les chaumières et les fermes, les usines et les enceintes consacrées à l'industrie, couvrent de leurs débris amoncelés ces jardins, ces vergers, ces pavés, ces champs si fertiles hier, si verdoyants et si pittoresques, bientôt stérilisés sous les décombres, puis enfouis sous les neiges de l'hiver. Les bois fracassés, fouillés en tous sens par la mitraille, porteront longtemps témoignage contre cette guerre impie qui détruit tout, qui viole la nature comme l'humanité, qui tarit la vie dans les germes, et au sein de la terre comme dans les berceaux du foyer.

Mais cette immense désolation des choses, cette stérilité des campagnes, cette dévastation du sol et cet incomparable égorgement des hommes, tout cela,

C'est le prix de la couronne du nouvel empereur d'Allemagne!

Diplomates de l'Europe, ministres des conseils des rois et des reines de l'Occident, empereurs d'Autriche et de Russie, gardez-vous bien d'arrêter le fleuve de sang qui emporte toute une génération!

Au contraire, *laissez passer, laissez passer la justice de l'empereur Guillaume, qui se dit l'*Elu de Dieu!

Oui, Paris est assiégé, séparé du reste du monde pendant de longs mois.

Paris est livré à la torture des bandes qui veulent lui infliger la Commune, pendant que les Prussiens lui infligent la famine.

Et alors que la faim, le froid et la mort y accomplissent leur œuvre, la France, envahie sur une immense étendue, pillée, rançonnée, sillonnée dans tous les sens par le rude soc de la conquête, foulée aux pieds de cette race de vainqueurs insolents et rapaces, appelle vainement un vengeur!...

Il viendra, ce vengeur... Le ciel nous l'enverra!

Malgré tout ce que l'heure présente a de misères et de larmes, un espoir grandiose traverse la France. Dans son apparente agonie, elle sent palpiter en elle le principe et le germe d'une résurrection.

A travers tant de ruines, sous cet amoncellement de cadavres et de ruines, piédestal du monstrueux orgueil d'un seul homme, quelque chose tressaille en nous : c'est l'âme de la patrie, renaissant avec plus de force que jamais sous le coup qui devait l'anéantir!...

Cependant, je le répète, Paris est investi, cruellement assiégé, ignominieusement bombardé, contre le droit des gens, car ce bombardement n'a pas été notifié, selon les règles.

Mais les infâmes Prussiens n'y regardent pas de si près! L'ont-ils appelé de leurs vœux ce bombardement, les aimables pédants de l'état-major prussien! L'a-t-elle demandé, sollicité, exigé, ce bombardement, la *noble* et *poétique Allemagne!*

Enfin la candide férocité des douces fiancées de *là-bas* sera satisfaite...

Paris est couvert de feu, et s'agite lourdement, demeure presque immobile sous la grêle de fer qui tombe et l'écrase.

Seuls, immobiles sous cette tempête d'enfer, semblables à des navires qui tiennent la proue debout contre la mer déchaînée, les forts, presque silencieux, attendent l'assaut de l'invisible ennemi, qui ne révèle sa présence que par l'éclair de ses batteries...

Mais cessez de pleurer sur les horreurs sans nom de ce siége, enfants de la nouvelle génération; félicitez-vous de la vaillance héroïque que vos pères ont montrée dans les heures terribles de l'angoisse, et tout au contraire réjouissez-vous!

Oui, réjouissez-vous, car Paris n'a pas été pris par les Prussiens!

Il a été livré aux Prussiens... par la *famine!*...

Les Prussiens n'avaient pas assez de bravoure pour attaquer Paris et chercher à le prendre d'assaut, comme cela se pratique d'ordinaire.

C'est ainsi que, nous Français et Anglais, nous nous étions rendus maîtres de Malakoff, puis de Sébastopol.

Mais les Prussiens n'en sont pas à ce degré d'audace, eux!

Toutes nos places fortes ont été obligées de se rendre aux Prussiens, oui; mais les Prussiens n'ont eu aucune gloire dans la capitulation de ces forteresses... Ils ne doivent leur conquête qu'à la famine, et nullement à leur courage.

Non, les Prussiens n'ont pas eu l'audace indispensable, le feu sacré nécessaire pour monter à l'assaut des fortifications de Paris et de nos illustres citadelles.

Ils n'ont su que bombarder, parce que *le bombardement se fait... à l'abri et... de loin !...*

Mais, par exemple, à couvert de tout péril pour eux-mêmes, ces sauvages du Nord ont procédé à ces bombardements par bombes, obus et boulets, à l'aide de leurs canons Krup, avec une cruauté sans égale.

Chez le Prussien, la férocité remplace la vaillance!

Le fait est que l'histoire n'a enregistré nulle part une aussi froide, une aussi implacable barbarie...

Donc, l'unique vainqueur de la France, et sur ses frontières, et à Paris, ce fut la faim!

Aussi, honte à la jactance des Prussiens!

IV

Déjà, dans les batailles livrées, les Prussiens n'avaient obtenu la victoire que par leur nombre écrasant.

Douze cent mille hommes contre trois cent cinquante mille!

Pauvre France! elle n'en a pas moins lutté avec énergie. Je le prouve par cet instructif tableau de nos premières batailles :

A la première rencontre de l'armée prussienne, à SAARBRUCK, le 2 août, les troupes françaises engagées étaient en nombre égal à celles des Prussiens, aussi la victoire resta-t-elle à la France...

A WISSEMBOURG, le 5 août, le général Abel Douai n'avait que 6,000 hommes contre 30,000 Prussiens. Néanmoins, il s'est battu pendant une partie de la journée, et s'est fait tuer lorsque ses soldats furent écrasés par le nombre, et en voulant protéger la retraite des siens.

A Wœrth et à Reichsoffen, le 6, le maréchal Mac-Mahon n'avait que 33,000 soldats à opposer aux 120,000 du prince royal, et il les a tenus en échec pendant toute une journée.

A Forbach, le 7, les 30,000 du général Frossard, nonobstant le désavantage d'une surprise, pouvaient, jusqu'au soir, espérer la victoire contre les 70,000 combattants du général Steinmetz.

A Borny, le 14, Bazaine, à la tête de 120,000 hommes, luttait avec avantage contre 240,000 ennemis.

A Gravelotte, le 16, dans les mêmes conditions numériques, le même maréchal remportait une véritable victoire... Malheureusement il commettait la faute de remettre au lendemain la retraite sur Verdun, pour avoir voulu donner aux troupes françaises un jour entier de repos.

A Mars-la-Tour, le 18, Bazaine aurait été certainement victorieux, plus complètement encore que dans les deux premières batailles, contre l'ennemi deux fois supérieur en nombre, si, à la fin de la journée, le général von Moltke n'était pas venu au secours des armées prussiennes, avec 70,000 soldats des meilleures troupes de la garde du roi.

Ce fut cette bataille qui contraignît Bazaine à se réfugier dans Metz, qu'il ne put quitter désormais, et qu'il livra plus tard.

Donc les Prussiens n'auraient obtenu aucun succès, si le nombre de leurs soldats, si la famine, si la trahison n'avaient lutté contre nous.

Voyez un peu Bitche, la plus faible et la plus petite de nos places de guerre... Bitche a tenu bon jusqu'à la fin de la guerre; elle n'a pas été prise par les hordes prussiennes, parce qu'elle était par exception approvisionnée de manière à subir un long siége. Bitche l'a subi, ce siége, et victorieusement, grâce à son intrépide commandant.

Hélas! de par les traités de M. de Bismark, Bitche appartient désormais à la Prusse, jusqu'à ce que!...

Car il fallut souscrire aux exigences de l'affreux Guillaume!

La paix, il fallut la conclure; mais à quelles conditions, mon Dieu!

Cinq milliards à verser à la Prusse, sans compter les horribles réquisitions, les exactions de toute sorte, les déprédations, les vols, les pillages, dont notre France est devenue la triste victime.

Et puis, et surtout, l'Alsace et une partie de la Lorraine à leur abandonner...

Et Metz, et Strasbourg à leur livrer!

Paix nécessaire, dit-on, mais paix bien cruelle! Elle ajoute à notre histoire sa page la plus douloureuse.

La force numérique a triomphé; c'est dans l'ordre, non de la morale, mais de la nature. « Quand la force combat la force, dit Pascal, le plus puissant détruit le moindre... » Mais le droit survit, parce qu'il est hors des prises de la force, et qu'elle ne saurait ni le fonder, ni l'abattre.

Ah! pour qui voit les abords de Paris à douze lieues à la ronde, quel sinistre spectacle! Ruines de toutes sortes: églises effondrées, villes incendiées, maisons pillées, fermes dévastées, murailles éventrées, plantations arrachées, vergers sapés, jardins détruits, terres et guérets foulés, enclos et prairies piétinés. Plus de volets, plus de persiennes ou de portes aux habitations; plus de trace de culture du sol. Partout le ravage, la dévastation, la désolation, la mort. Les habitants se sont enfuis; les animaux ont disparu... Le deuil, plus rien que le deuil qui étend son crêpe funèbre...

Du charmant, du pittoresque Saint-Cloud, plus rien! une vingtaine de maisons, à peu près intactes, peut-être... mais pillées, cela va sans dire. Le château détruit, rasé, brûlé, à l'état de décombres. Des rues, nulles traces; la chute des maisons les a obstruées.

A Meudon, château pillé, incendié, mis au niveau du sol.

Pas un village qui n'ait été rançonné dix fois d'abord, puis pillé, puis brûlé, puis détruit par les hordes sauvages de Bismark.

Ce que les innombrables voitures des Prussiens, ce que leurs convois de chemins de fer emportent de pendules, de meubles anciens, rares et curieux, d'objets d'art rapinés par eux sans vergogne, est inimaginable. Un mobilier, une garniture de cheminée, des bronzes, des tableaux, des faïences, les porcelaines, leurs plaisaient-ils, immédiatement emballés et expédiés pour l'Allemagne.

GUILLAUME L'EMBALLEUR! tel est le glorieux nom, et c'est le seul qu'aura mérité le roi de Prusse, dans cette mémorable expédition, où il laissait agir ses hommes, pour se livrer au culte de la bouteille, lui!...

Et cela s'appelle une Majesté!

Il est vrai que cette Majesté saugrenue et grotesque s'est fait nommer empereur d'Allemagne, pendant son séjour à Versailles, par le vil troupeau des principicules qu'elle traînait à sa remorque.

Mais continuons l'énumération des titres de gloire de MM. les Prussiens.

Le château de Compiègne a été pillé par les généraux et les princes allemands. Ils faisaient ainsi concurrence à leurs soldats et aux juifs brocanteurs dont étaient suivies leurs armées.

Dans celui de Fontainebleau, le prince Frédéric-Charles, sans pudeur aucune, voulait se faire donner 500 francs par jour par la ville; elle a résisté, et comme il fallait grapiller quelque chose, il a volé la pendule et les candélabres de sa chambre à coucher, pendant que ses gens prenaient à la ligne les fameuses carpes des pièces d'eau.

Ainsi le roi Guillaume, son fils Fritz, le prince Frédéric-Charles, et Bismark, et de Moltke offrant 20 francs à la do-

7

mestique de M. Lambinet après six mois de séjour chez cet
estimable Versaillais, et tous les généraux, depuis le premier
des maréchaux jusqu'au dernier goujat de l'armée allemande, n'ont été que des *voleurs,* des *pillards* et des *incen-*
diaires!

On s'étonne de l'énormité des contributions, des exactions
et des prélèvements d'argent exigés sans relâche. Mais l'ex-
plication du fait est des plus simples. Plus on pressurait la
France, et plus le roi de Prusse, les généraux, les préfets et
les sous-préfets prussiens emplissaient leurs poches.

Soixante sur cent au roi et à Bismark! C'était joli...

Les quarante autres francs appartenaient, dix au général
de la circonscription, dix au préfet du département mis à contribution, dix au sous-préfet de l'arrondissement mis à la
géhenne, et dix aux soldats foulant le territoire pressuré...

C'était une prime offerte aux pressureurs... Aussi n'y al-
laient-ils pas de main forte, témoin l'aimable sous-préfet
blond de Fontainebleau, M. ***

Chacun de ces Verrès au petit pied prétendait faire fortune
en France.

La Prusse est si pauvre!

Que dirai-je de nos villes de province détruite, ou mises
à sac?

Orléans, par exemple, où l'on impose près de 15,000,000.
Rouen, où l'on exige 17,000,000.

Châteaudun, où quelques mobiles et quelques gardes nationaux défendent avec héroïsme leur pauvre cité contre 4 à
5,000 Prussiens, infanterie, cavalerie, artillerie. Aussi, furieux, ces infâmes brigands enduisent de pétrole portes,
fenêtres, volets, etc., de la ville dévouée, et la livrent aux
flammes.

V

Mais ce n'est pas tout pour ces nouveaux barbares de ra-
vager et de détruire : ils ont une façon à eux de signaler le

passage de leurs noires caravanes et de leurs hordes puantes.

Dans les plus riches et les plus somptueux appartements, dans les châteaux des plus anciennes et des plus illustres familles, dans les palais de Blois, de Tours, d'Azay-le-Rideau, de Chambord, de Compiègne, de Fontainebleau, de partout, à Versailles même, et dans la préfecture habitée par S. M. Guillaume, il n'est pas un endroit : salons, salles à manger, galeries, vestibules, chambres à coucher, escaliers, promenoirs, etc., qui n'aient été souillés des innombrables excréments de ces Prussiens, princes ou généraux, officiers ou soldats... Quels corps fangeux que ceux de ces abominables Allemands! Ce qui sort d'un Prussien dépasse l'imagination...

Ah! ces drôles se prétendent civilisés! Non, non, non, mille fois non! Ils sont encore à l'état rudimentaire des Papous, les plus sales des Océaniens, et ils sont distancés par les Hottentots, les plus immondes des Africains. On les suit à la piste, ces infâmes, tant ils sentent mauvais.

Oui, l'aspect du voisinage de Paris, disons même de toute la France occupée par l'invasion, est navrant. On devine, on voit clairement qu'ils ont mis une basse envie, une jalousie effrénée, une rage odieuse à tout détruire, à tout souiller, à tout empester...

Certainement l'histoire des guerres se compose de tristes épisodes, les siéges également. Néanmoins, quelquefois, au milieu d'horreurs inévitables, les assiégeants et les soldats s'efforcent de limiter les maux des malheureuses victimes inoffensives. Au contraire, dans la guerre que nous ont faite les Prussiens, comme dans les siéges et les bombardements des places fortes qu'ils ont attaquées, il semble que ces misérables aient voulu accumuler à la fois sur la population paisible tous les maux de la guerre, et forcer les défenseurs à capituler par la pression des souffrances qu'on infligeait à ceux qui ne pouvaient lutter.

Honte à tous ces brigands dorés qui se nomment de Fal-kenstein, de Werder, de Manteuffel, von der Thann, etc.! Honte à ces voleurs, à ces incendiaires, à ces assassins, à ces lâches que l'Europe respue désormais, qu'elle met au ban des nations, et sur lesquels elle déverse la haine et crache le mépris et le dégoût...

Pour nous, Français, courage ! Le jour de la revendication viendra, car la porte n'est pas fermée aux revendications futures. Tout n'est pas fini, et l'histoire ne va pas s'arrêter.

Au commencement de ce siècle, deux batailles nous avaient livré la Prusse tout entière... Eh bien! cela se re-fera...

La veille de l'armistice, malgré l'orgie d'une dictature in-capable et désorganisatrice, avec des soldats improvisés et manquant du nécessaire, la France combattait encore sur les genoux.

Donc nous sommes vivants!... Donc patience!...

En attendant, merci aux généreux Anglais qui se sont montrés nos frères dans ces cruelles épreuves, et lorsqu'il s'est agi de ravitailler Paris. Merci, non pas au gouverne-ment de la reine, qui nous a été presque ostensiblement hos-tile, mais au bon peuple de l'Angleterre, et de Londres sur-tout, car lords, commerçants et gens du peuple, tous les An-glais ont souffert, comme nous, de nos douleurs! Merci en-core, et bonne mémoire pour l'avenir!

Merci également aux braves fils de la Belgique, notre chère voisine. Eux aussi, les Belges, ont été nos auxiliaires par le cœur, et ils ont fait bien des vœux pour nous.

Merci encore aux généreux et vaillants enfants de la Suisse. C'est là qu'on est fidèle dans son dévouement, et les Suisses l'ont prouvé une fois de plus. Aussi dirons-nous pour eux : *Remember!* le mot anglais par excellence.

Merci à tous ceux qui nous aident à *panser nos plaies saignantes !*

VI

A la fin de 1870, un spectateur arrivant du théâtre de la guerre, lut sur les murailles de la ville où il débarquait une dépêche des Prussiens annonçant pompeusement qu'ils avaient pris deux drapeaux aux Français.

— Ils en ont menti!... s'écria-t-il avec l'accent de la vérité. Les Prussiens ne se sont pas emparé de ces drapeaux ; ils les ont ramassés, je les ai vus, ils les ont ramassés, car hélas! ceux à la garde desquels ils étaient confiés gisaient morts... tout à l'entour...

Le roi de Prusse, Guillaume, élève en roueries de l'illustre Bismark, télégraphiait, un jour, *à midi précis*, qu'il était vainqueur, et cependant, à midi, le combat n'était pas engagé. Ce fut vers deux heures passées seulement que la lutte commença ; elle fut favorable à nos armes. Cela n'empêcha pas la dépêche datée de midi d'arriver à destination, et de proclamer une nouvelle fausse victoire...

Charmants procédés de nos aimables ennemis!

Que faire en face d'une telle outrecuidance?... Laisser les Prussiens se vanter, se vanter encore, se vanter toujours!...

Se vanteront-ils aussi, se feront-ils gloire de même de la froide barbarie avec laquelle ils allumaient les torches de l'incendie partout où on leur résistait, partout où ils croyaient devoir punir une attaque, une surprise, une défaite?

L'incendie! Vous savez tous, lecteurs, quel horrible fléau, et comment il devient plus horrible encore quand ce sinistre est le résultat d'une guerre implacable, et qu'il ne s'applique pas uniquement à une maison isolée, mais à toute une rue, à un pâté de maisons, à tout un quartier de cité...

Vous savez tous également combien ces scènes affreuses d'un incendie, affreuses pendant le jour, deviennent épouvantables et saisissent de terreur et d'effroi pendant la nuit?

Eh bien! c'était là la suprême jouissance qu'aimaient à se donner messieurs les chefs des armées allemandes...

Qu'ils soient maudits, les vampires!

Ecoutez le récit rapide de l'incendie de Nemours et les désastres qui en ont été la conséquence.

Nemours est une petite ville fort pittoresque de l'ancien Gâtinais.

Assise au beau milieu de la vallée du Loing, la *Lupia* des Gaulois, elle est entourée de toutes parts, à distances assez rapprochées, de charmantes collines résultant de soulèvements géologiques remontant à une époque fort reculée. Ces collines sont hérissées de roches titaniques superposées, d'un effet grandiose à ravir le poète, l'artiste et le savant. Des pimparasols, des sapins noirs, des conifères de toutes nuances les couronnent de leur éternelle verdure. De larges sentiers contournent, gravissent et sillonnent en tous sens ces éminences abruptes, généralement solitaires telle qu'une Thébaïde. Il est même un vaste plateau, dominant la rive droite du Loing, semé de roches de la plus étrange fantaisie de formes, qui porte le nom de Désert de Polynie.

Du sommet de ces collines pittoresques, affectant toutes les altitudes les plus capricieuses, la vue se promène au loin sur de nombreux villages endormis au soleil, sur des tours et des clochers jalonnant les plaines, sur la belle rivière qui serpente dans la vallée, sur des canaux qui lui sont adjoints pour faciliter la navigation, enfin sur les plus opulentes cultures, et le raill-way de Paris à Lyon, par le Bourbonnais, offrant à chaque instant le passage d'un train, annoncé par les blanches aigrettes de vapeur s'échappant des locomotives, et sur les rubans poudreux des routes de Sens, de Montereau, de Montargis, d'Orléans, etc.

Le regard du touriste contemple surtout avec complaisance la ligne sombre de l'immense forêt de Fontainebleau, qui forme au nord et à l'ouest le plus vaste horizon.

On découvre également la masse grise des sinistres ruines de Larchant, dont la haute tour, splendide jadis, et maintenant encore debout nonobstant les coups nombreux qui lui ont été portés par la main des hommes et du temps, apparaît crevassée, pourfendue, ajourée par la sape et l'incendie, telle qu'un squelette gigantesque estompant sa silhouette sur l'azur du ciel. Ce riche débris d'architecture gothique chante à tous les vents la lugubre épopée des déportements de messire Gabriel de Montgommery, le farouche huguenot, l'irréconciliable ennemi de Catherine de Médicis, laquelle le fit occire de male mort.

Je ne puis vous peindre ici, lecteur, le panorama splendide de toutes les magnificences de nature que l'on peut admirer des hautes collines qui forment la vallée dans laquelle Nemours s'étale fort à l'aise. Je vous dirai toutefois que ce qui ajoute au prestige de cette petite ville, c'est la ceinture de canaux qui enserre sa taille et semble l'entourer, en guise d'enceinte continue, dans le but de la préserver de toute attaque. Aussi n'est-ce point par des portes que l'on a l'accès de la ville, mais bien par des ponts : le Pont Pont, au nord ; le Pont Rouge, au sud-est ; et le Vieux Pont, à l'ouest.

Au début de la guerre entre la France et la Prusse, Nemours paraissait à l'abri de tout danger. On y vécut de la vie de l'âge d'or pendant les deux premiers mois. Pourtant les sinistres nouvelles qui arrivaient de Sedan et d'ailleurs consternaient ses habitants ; mais on avait l'espoir de ne jamais se trouver à portée du théâtre de la guerre. Les horribles dénominations de uhlans, dont on faisait peur aux enfants, semblaient appartenir à d'antiques légendes ; et l'on ne s'effrayait nullement des casques à pointe de l'infanterie prussienne, tant on croyait n'avoir jamais affaire à ces misérables instruments des haines d'un despote fanatique.

— Si le siége de Paris a lieu, disait-on, et il n'y a pas à

se faire illusion maintenant, le siége se fera!... eh bien! tout au plus verrons-nous des fourgons prussiens venir chercher des réquisitions jusque chez nous. Nous sommes à dix-huit lieues de Paris, les Prussiens ne s'écarteront jamais autant du point central de leurs opérations... Ayons confiance!...

Quelle illusion! que l'on connaissait mal les Prussiens et les plans de Guillaume, de Bismark et de Moltke! Combien l'on était dans l'erreur à l'endroit d'une guerre que l'on supposait devoir ressembler à toutes les guerres, et qui était la combinaison machiavélique d'un envahissement formidable où l'on devait entasser toutes les ruines et user de tous les moyens de destruction; une guerre de sauvages, à laquelle seul le scalp ferait défaut, et encore!...

Et d'abord, comme préface de la tragédie, le soir de l'un des derniers jours d'octobre, par un temps légèrement chargé de brumes, se produisait une magnifique aurore boréale, si rare en nos contrées. A part la splendeur du phénomène, dont Paris et la France septentrionale eurent l'admirable spectacle, aurore boréale qui le lendemain même se renouvela, mais en beaucoup moindre intensité, à part la magnificence du phénomène, dis-je, ses reflets sanglants et vertigineux à l'heure d'une guerre d'extermination, firent subir une vive et cruelle impression aux imaginations faibles déjà trop affolées de terreur superstitieuse.

On y vit l'annonce de sinistres effroyables, et tout chacun se prit à trembler.

Le fait est que, quelques jours après, on apprenait la reddition de Metz...

En même temps, l'approche de 200,000 Allemands, rendus disponibles par la capitulation inexplicable d'une ville aussi importante pour notre défense, était signalée à Nemours, qui se trouvait sur le chemin de ces farouches ennemis s'empressant de courir sus à la cité d'Orléans.

En effet, le dimanche soir 13 novembre, cinquante uhlans,

premiers éclaireurs du prince Frédéric-Charles, entraient par le pont de l'est dans Nemours, et, au lieu de s'arrêter dans le cœur de la ville, ils en sortaient par le pont de l'ouest, pour venir occuper, tout près de là, en face de la gare du Bourbonnais, la vaste auberge de Saint-Pierre.

La présence de ces uhlans abhorrés des populations répandit soudain une consternation profonde. Tout chacun se renferma chez soi. Mais il se trouva des hommes, partisans furibonds de la défense quand même, qui se hâtèrent de faire savoir à quelques compagnies de mobilisés en station à Château-Landon et à Montargis, qu'il se présentait une superbe occasion de jouer un mauvais tour aux Prussiens retranchés dans l'hôtel Saint-Pierre.

Immédiatement le commandant du bataillon de gardes mobilisés de Seine-et-Marne détache trois capitaines à la tête de deux cents hommes, et les fait marcher silencieusement et en bon ordre sur Nemours. On arrive, et des positions sont prises sans retard à l'entour de l'auberge. Il est deux heures du matin. Le feu s'engage aussitôt. En se voyant cerné, l'ennemi comprend qu'il doit se rendre, et il met bas les armes, alors qu'on lui a déjà tué trois hommes et un cheval. Les mobilisés s'emparent de leurs prisonniers et se font suivre de tout ce qui appartient aux uhlans. Après quoi, le calme renaît et s'étend là où quelques instants auparavant se faisait entendre l'horrible tumulte d'un assaut acharné.

C'était une victoire, oui, un véritable succès; mais il devait être suivi d'une atroce vengeance.

Afin de la rendre plus horrible par le contraste d'une patience dérisoire, les Prussiens laissent passer le lundi 14 sans donner signe de vie. Aussi les habitants de Nemours, effrayés tout d'abord, se rassurent peu à peu.

— C'est un fait de guerre, et les ennemis n'ont rien à dire! Ce n'est pas la ville qui s'est défendue... prétendent-ils.

En effet, les Prussiens se gardèrent bien de parler; mais ils agirent... à leur façon.

Le lundi soir, voilà que se montrent, ici et là, dans la pénombre, à l'entour de la ville, quelques cavaliers s'avançant cauteleusement en observation, et se repliant presque aussi vite.

Puis, dans la nuit, on entend passer, sur le pavé de la route de Fontainebleau, des patrouilles d'infanterie, des patrouilles de cavalerie, et c'est d'un sinistre à émouvoir profondément que d'entrevoir ces hommes noirs marchant avec prudence sous les rayons d'une lune brillante et d'un ciel magnifiquement étoilé. On les voit qui plongent le regard dans les ombres suspectes, sous les arbres à demi dépouillés de leur feuillage, et dans les moindres sentiers des champs. Il est évident que ces Allemands préparent une action hostile dont la ville est l'objectif.

Enfin, le mardi 15, un splendide soleil d'automne se lève et répand sa généreuse lumière sur toute la belle vallée du Loing. Déjà nombre d'habitants les plus curieux vont et viennent sur l'avenue de Fontainebleau, et tous se demandent, comme à sœur Anne : Ne vois-tu rien venir?...

Mais pas le moindre Prussien à l'horizon; aussi loin que l'œil peut porter, pas le plus léger signe de vie.

Moi aussi, descendu de ma maison sur la route, je regarde au loin avec persistance; et, bientôt, ce qui tient mon attention très éveillée, ce n'est ni le feuillage rougi des arbres qui tombe, ni les rayons du soleil qui scintillent capricieusement à travers les interstices de leurs branches, ni les oiseaux qui voltigent sur les buissons, ni le ciel immense et calme, c'est... un point... noir... sur la route... blanche!

Ce point noir grossit petit à petit, et la route, hélas! sur un espace qui s'étend sans fin... cesse d'être blanche.

Il n'y a plus à en douter : cette fois, c'est toute une armée prussienne qui arrive...

Il est dix heures quand commence le drame.

Je rentre dans ma demeure, ému, consterné, et je suis à ma fenêtre, dissimulé derrière les persiennes du premier étage. De là, j'assiste bientôt au plus sinistre défilé qu'il soit possible de se figurer : cavalerie d'abord, état-major ensuite, composé d'officiers grinchus comme des Burgraves, ayant tous des visages de vautours, et offrant la désinvolture rébarbative de bourreaux en curée. Vient à la suite un régiment d'infanterie, le 5e régiment prussien ; et enfin deux batteries d'artillerie qu'accompagne une musique, marchant en queue et à la débandade.

Une musique, dont tous les instruments reluisent au soleil ; une musique symbole de l'allégresse, pour assister et chanter en une telle cérémonie!... Il faut être Prussien pour avoir de ces idées machiavéliques.

L'état-major s'arrête devant la gare, en face de nos charmantes petites maisons. L'infanterie se range à l'entour, et la cavalerie ferme la sortie de l'avenue du côté de Fontainebleau, et l'entrée de Nemours de l'autre côté. Quant à l'artillerie, elle gravit la route de Larchant et va prendre position sur les talus qui dominent le rail-way, la gare et nos demeures, la gueule de ses canons tournée sur la ville et notre petit faubourg.

Des estafettes sont envoyées en ville chercher le maire, les adjoints, le conseil municipal, etc. Puis, un quart d'heure après, un officier prussien, accompagné de quatre fusiliers, s'empresse d'aller sonner avec autorité à toutes les grilles de nos habitations. Je me présente à ma porte pour savoir ce qu'il veut.

— Vous, sortir d'ici bien vite ; cette maison, dans demi-heure, sera brûlée! articule-t-il avec une lenteur saccadée.

Me chasser de chez moi, et brûler ma maison, voilà ce qu'il prétend faire, le caraïbe !

Il n'y a pas à résister ; toute réponse peut être dangereuse.

Sur toute la ligne de nos habitations, nous sommes des victimes dévouées : il faut se résigner au plus vite, faire promptement un paquet de je ne sais quels objets, car on perd un peu la tête en de pareils instants, croyez-le bien, et déguerpir sans retard.

Et dire que j'ai avec moi, chez moi, une pauvre tante âgée de 77 ans, qui va peut-être devenir folle, en face de la situation qui nous est faite! C'est égal, je la raisonne et la fais s'équiper pour aller en exil, avec ma domestique et mon chien; ensemble nous allons courir vers l'inconnu, à la recherche d'une nouvelle position sociale, comme Jérôme Paturot!

Je ne vous mettrai pas sous les yeux le tableau des péripéties de cet horrible drame; il serait trop incomplet, cher lecteur. Je vous apprendrai seulement que ce quart d'heure de grâce n'est pas encore à son milieu que, déjà, les exécuteurs des hautes-œuvres se présentent avec leurs torches incendiaires, c'est-à-dire des vases remplis de pétrole. Ils ont déjà mis le feu à la gare et aux maisons qui précèdent la mienne. Leurs engins de destruction sont méthodiquement placés par eux sous les escaliers des habitations, dans les greniers, aux divers étages. Autour du foyer, ils accumulent toutes les matières incendiaires qu'ils peuvent trouver, et l'incendie se produit peu à peu.

C'est ainsi que flambent déjà l'auberge de Saint-Pierre, les deux gares des voyageurs et des marchandises, une ferme, une vaste chapellerie, et toute la série de nos villas faisant face au chemin de fer.

La rage de nos cannibales est telle que, dans la chapellerie, où une pauvre jeune femme est à toute extrémité, les brigands n'ont pas honte d'allumer leurs combustibles jusque sous le lit où elle repose. Ils avisent une charmante volière appartenant à de désolées jeunes filles, dans la maison la plus voisine de la mienne, et ils la remplissent de paille, pour y brûler les oiseaux qu'elle renferme, les monstres! Un vieillard, père de ces jeunes filles, un grand crucifix aux bras, implore leur pitié, en leur montrant à la fois et le signe du salut des hommes, et son visage hâve et défiguré par ce désespoir, et ils le repoussent brutalement, en insultant le Christ. Une dame, sa fille aux bras, va se mettre aux genoux du chef suprême qui dirige cette infernale exécution, et ce chef, et ses officiers, les maltraitent du pied, en les éloignant avec des rires de mépris et de haine...

O Goya! ô Salvator Rosa! que n'étiez-vous là, avec vos pinceaux, pour saisir dans toute son horreur et livrer à la postérité cette scène de Satan!...

Cependant des nuées de vapeurs rousses, d'où jaillissent des flammes dévorantes, et les crépitements de l'incendie dans toute son intensité, montent vers le ciel, dont ils voilent l'azur et cachent sous un crêpe funèbre les rutilements du soleil. Il semble que la nature veuille se cacher la face pour ne pas voir les épouvantables aspects d'un sinistre grandiose aussi criminel, et les rires joyeux, et les lazzis insolents, et la fureur diabolique de ces démons d'enfer que l'on nomme Prussiens! En outre, le vent, un vent précurseur de l'hiver, active l'œuvre des flammes, et va répandre au loin les témoignages non équivoques de la vengeance de prétendus adeptes des progrès du XIXe siècle!...

Quant à nous, désolées victimes, victimes bien innocentes, désespérés, sans paroles pour exprimer notre haine, comme Loth fuyant les feux de Sodome et Gomorrhe, nous nous éloignons non sans peine, et moralement, et physiquement, du théâtre des fureurs prussiennes : moralement, car notre âme est oppressée par la douleur; elle est en proie à une inexprimable terreur de l'avenir; et physiquement, car la cavalerie, rangée en bataille, nous refuse impitoyablement l'entrée dans la ville, tandis que l'infanterie ne nous permet pas de sortir du cercle de feu d'où s'élancent en fumée pour nous et la perte de nos épargnes, et la ruine de nos ménages, et le nid où s'abritaient notre paix et notre bonheur...

Grâce à un mouvement d'indignation qui me signale à un capitaine de cavalerie, j'obtiens le passage pour ma vieille tante et les voisins qui m'accompagnent et me suivent...

Et pendant ce temps, la musique du 5ᵉ régiment de S. M. le roi de Prusse exécutait ses plus brillantes fanfares...

Et pendant ce temps, les généraux, officiers et soldats de cette même Majesté Guillaume de Prusse, entourés de provisions de toute sorte, déjeunaient sur l'herbe, en face de l'incendie, et s'abandonnaient aux plaisirs d'un festin arrosé de notre Champagne!...

Oh! mes amis, puissiez-vous ne jamais connaître de pareilles angoisses, des douleurs aussi poignantes, des anxiétés vibrantes, au point de ne plus savoir désormais où reposer notre tête et abriter nos chères familles!

Aussi, avec quelle ivresse je le proclame : J'avais, moi qui écris ces lignes, j'avais pour servante dévouée une Alsacienne du nom de Charlotte Heill. Alsacienne, c'est vous dire qu'elle connaît la langue allemande. Or, au moment où les soldats prussiens avaient pénétré dans ma demeure, elle avait reproché à ces alguazils d'une révoltante iniquité le crime qu'ils allaient commettre, en leur disant que, nous Parisiens, nous étions absolument étrangers à l'attaque des mobilisés, belligérants parfaitement en titre pour agir en dehors de toute influence civile, dont ils se vengeaient d'une façon si sauvage...

Alors ces hommes, émus et interdits, s'étaient écrié :

— Silence!... Vous n'aurez pas à vous plaindre de nous...

Et, en effet, le lendemain du sinistre, à Bourron, où je m'étais réfugié avec les miens, dans la maison de plaisance de M. Paul de Musset, qui l'avait mise généreusement à notre disposition, un exprès, envoyé par des amis de Nemours, accourut me dire que ma maison de l'avenue de Fontainebleau était sauve, sauf tout mon mobilier, et que je pouvais rentrer à l'heure même dans mon domicile épargné par les Vandales.

Un bonheur n'arrive jamais seul. Au même instant apparaissait, venant de Fontainebleau, la calèche de notre amie bien dévouée, madame M..., qui, instruite des événements de la veille, accourait à notre secours.

Nous partons incontinent pour Nemours. O bonheur ! c'était vrai, bien vrai : la Providence, que j'avais invoquée à l'heure de la calamité, était venue à notre aide... Je n'avais rien perdu de mon mobilier, rien, si ce n'est qu'une sorte de pillage en miniature avait fait disparaître une collection de médailles antiques, et une foule d'objets recueillis dans mes voyages. Mais, à part le toit, la maison et ce qu'elle contenait étaient intacts.

On pouvait même lire, au bas de la porte de la grille, écrit à la craie :

« ICI, PAS FEU ! »

Oui, j'étais sauvé !...

Mais je n'en avais pas moins jugé de près les moyens diaboliques dont usent les maudits Allemands, pour répandre le deuil et l'incendie dans notre pauvre France : pétrole, bombes incendiaires, fusées, engins des plus perfides révélés à leur horrible génie !

A quels procédés sataniques n'ont-ils pas eu recours pour détruire nos châteaux, nos villes et nos monuments ?...

Que de ruines ils ont entassées partout !

Elles sont navrantes, les ruines de Saint-Cloud, ai-je dit quelque part, dans ces pages. Partout des décombres. Cependant les maisons détruites par les bombes et les obus ne sont pas les plus nombreuses. En effet, la plupart ont été brûlées de sang-froid par les Prussiens au moment de leur départ, à l'aide d'un procédé d'une simplicité parfaite et d'une rigoureuse uniformité.

En vertu de la consigne donnée, tranquillement, placidement, en amateurs, le cigare aux lèvres, ces misérables démons sortis de l'enfer de MM. de Bismark et de Moltke, se transportaient, avec un seau de pétrole et un goupillon, dans une maison condamnée. A l'intérieur, les murailles du rez-de-chaussée étaient soigneusement enduites du liquide

inflammable. Puis, après, ils fermaient discrètement fenêtres et persiennes, jetaient des torches de résine ardente et
s'éloignaient, laissant à l'incendie sa proie.

Çà et là, de la porte à l'avenue du château, du sentier de
la Guette à la place de l'Eglise, des maisons sont demeurées
intactes. Ce sont celles qu'occupaient des officiers ou des
postes prussiens.

L'œuvre de destruction a été longuement préméditée, sa-
vamment, méthodiquement exécutée, et conduite avec art,
jusqu'aux derniers raffinements.

Dans les maisons où ce sont les obus et les boulets qui
ont amené l'incendie ou l'écroulement, comme dans la rue
Royale, la rue et la place de l'Hospice, etc., les murs sont
presque tous abattus. Il reste à peine deux ou trois pans
qu'une sorte de miracle retient en équilibre. Ici, le plafond
fait ventre et crève par le milieu, ou bien il se détache seulement d'un côté et reste suspendu dans l'espace comme
ces tabliers de pont qu'une explosion a jetés à moitié dans
le fleuve. Là, les appartements ont été coupés en deux avec
une surprenante précision. On dirait un de ces décors à
double fond que fait apparaître une toile subitement levée.
L'avide Tudesque n'a pas eu le temps de dévaliser ces lo-
caux devenus inaccessibles. Au deuxième, au troisième
étage, dans des chambres branlantes et suspendues, on
aperçoit des lits, des secrétaires, des fauteuils, des matelas, etc. La foule s'arrête surtout devant une moitié de
maison, près de la place de l'Hospice, où l'on voit, pen-
chant vers l'abîme, un lit conjugal avec ses deux oreillers.
A l'étage au-dessus, une toilette avec sa cuvette ; et plus
haut encore, un berceau d'osier avec son petit matelas et
son drap blanc. Qu'est devenu le bébé qui dormait là ?...
Des inscriptions plus ou moins énergiques sont charbonnées
sur les murailles. L'une d'elles, en gros caractères, est ainsi
conçue :

« Résultat des 7 millions de OUI du plébiscite ! »

Dans les incendies allumés par les mêmes très aimables Prussiens, à Ablis, à Châteaudun, à Nemours, etc., il y a eu quelques variantes dans la façon de procéder des incendiaires, ainsi que vous l'avez vu pour Nemours.

A Châteaudun, par exemple, c'est le soir de la bataille que quelques centaines de gardes nationaux et autres ont livrée aux Prussiens, vingt fois plus nombreux, avec une telle énergie que la lutte a duré huit heures. Et encore les Prussiens étaient munis d'artillerie, et avaient déjà tant lancé de bombes et d'obus, que les ruines étaient amoncelées dans la généreuse cité. Il est donc nuit quand, vainqueurs enfin de par la force brutale du nombre, les Allemands pénètrent dans la ville en franchissant les barricades qui les ont arrêtés si longtemps.

Un sinistre qui se produit de jour, incendie, inondation, ou tout autre fléau, est horrible à voir, assurément. Mais à l'heure des ténèbres, pendant la nuit noire, alors qu'on ne peut que bien plus difficilement se rendre compte des choses, et s'expliquer les effets d'ombres et de lumières, les prestiges fantastiques qui frappent les regards, ces sinistres acquièrent un degré bien autre d'horreur, et répandent bien davantage l'épouvante et l'effroi.

Furieux, humiliés d'avoir été arrêtés si longtemps, et décimés par une invincible poignée de hardis et braves champions, les lâches Allemands déposent aussitôt les armes dont ils n'ont plus besoin, et les voilà qui se transforment en incendiaires, afin de foudroyer de peur de pauvres femmes.

Comme jadis les Anglais devant Jeanne d'Arc, les Prussiens sont effrayés de l'attitude résolue de ces femmes, et leur rage s'en accroît. Ils vont se venger d'une petite ville dont tous les citoyens ont été des héros, et dont les femmes les font reculer... mais ils vont se venger à leur manière... Cette manière allemande, la voici :

Un seau de pétrole au bras gauche, et des goupillons au bras droit, ressemblant dans l'obscurité, qui augmente à cha-

que minute, à des légions infernales, de leur dangereux liquide ils aspersent les portes, les volets, les persiennes, les
fenêtres, tout ce qui est bois à l'extérieur des maisons com-
posant les rues de Châteaudun. Puis, d'autres de ces affreux
brigands, à l'aide de torches, s'empressent de mettre le feu
à la matière incendiaire. Bientôt des lueurs se produisent,
l'incendie s'allume, d'horribles flammes jaillissent de toutes
parts, des reflets, blafards d'abord, se changent petit à petit
en feux dévorants, des tourbillons de fumée s'élèvent, les
façades des maisons non atteintes encore resplendissent, les
nuages du firmament reçoivent les teintes de l'élément en
fureur, des pétillements horribles, d'inimaginables craque-
ments, la lourde chute de murailles ébranlées, se font entendre ; la fournaise se fait ; elle s'étend et prend les proportions
d'une mer de feu ; elle gagne peu à peu du terrain, déborde,
ruisselle, s'élance et se communique d'un point à un autre.
C'est un tableau sans pareil ; c'est un spectacle incomparable, grandiose, mais cruel et repoussant, car il est l'œuvre
d'un ennemi farouche, de véritables cannibales ; et il ruine
d'innombrables familles.

A la flamme qui bondit et éclate, aux lueurs qui augmen-
tent sans fin, sous l'intensité de la lumière qui illumine et
rend distinctes toutes choses, on voit, on entend, on suit du
regard avec commisération ces victimes du fléau ; oui, on
les voit courir dans la nuit noire, leur silhouette glissant
comme eux sur les murailles rougies, telles que des fantômes affolés ; oui, on les entend crier, pleurer, mêler leurs
sanglots aux crépitements du feu, à l'ardeur bruyante des
flammes, à la furie du vent qui s'élève, à l'inexprimable et
truculent murmure de satisfaction, de joie, de jouissance de
ces monstres que l'on nomme... Prussiens !

Ajoutons encore ceci : Pendant que le feu accomplit son
œuvre et que tous les cœurs bondissent sous la pression de
la douleur, la musique des Allemands fait entendre ses plus
joyeux accents...

Quelle amère dérision, et quel outrage au malheur!

Eh bien! triomphez, roi sanguinaire et princes féroces; triomphez, généraux dignes de conduire des hordes de Hurons; triomphe, abominable Bismark; triomphez, soldatesque repoussante!... Mais n'oubliez pas qu'au ciel il est un Dieu, et que ce Dieu saura venger tôt ou tard vos crimes sans nom possible, vos meurtres infâmes, vos ignobles spoliations, vos exactions indignes, les saturnales indicibles dont vous souillez vos fêtes nocturnes, et tous ces incendies, et ces hécatombes d'innocents dont vous avez entassé les tristes débris à Sedan, à Strasbourg, à Thionville, à Toul, à Nemours, à Ablis, à Châteaudun, à Saint-Denis, à Saint-Cloud, partout où vous avez porté vos pas de bêtes féroces...

Je vous donne rendez-vous au tribunal de ce Dieu, à l'heure suprême de votre mort!...

Vous serez jugés selon vos œuvres, par le souverain maître des vivants et des morts...

Tenant les pieds sur le cœur de la France, vous l'avez contrainte à vous céder une noble partie de son territoire, avec cinq milliards; soit, triomphez, je le veux bien; mais aussi... soyez maudits!...

IV

CE QUE DIRA L'HISTOIRE.

———◦◦⊰⊱◦◦———

L'Histoire, de son burin de bronze, gravera sur le marbre, pour l'enseignement des siècles futurs, que contre le gré de leurs habitants, Français par le cœur, l'Alsace et la Lorraine ont été forcées de placer la tête sous le joug humiliant, abhorré, de la Prusse, de reconnaître Guillaume pour l'arbitre de leurs destinées, Bismark pour leur maître et seigneur, et de devenir... prussiennes !

Oui, l'Histoire dira avec quelle gloutonne voracité l'Allemagne s'est jetée sur cette proie tant convoitée, si ardemment désirée, guettée, et promise à son appétit sauvage.

Dès les premières hostilités, derrière l'armée allemande, s'avançaient des nuées de spéculateurs d'autant plus avides que ce sont des gens pauvres et cupides, venant exploiter notre pays et prendre leur part de la curée...

Mais, maintenant, c'est bien mieux encore, tant il est vrai que l'on perfectionne toutes choses !

Afin de faire de cette Alsace et de cette Lorraine, beaucoup trop affectionnées à la France, leur mère-patrie, pour se germaniser jamais, savez-vous ce que le grand génie allemand a trouvé ?... Il a imaginé de créer une bande noire de misérables juifs et autres non juifs, organisée comme sait organiser l'inspirateur en question, laquelle bande parcourt les villages, les hameaux et les bourgades de nos provinces arrachées à la France. Elle y compte le nombre des absents et des morts; de ceux qui, emmenés avec leurs chevaux par les troupes allemandes, n'ont jamais reparu; des victimes que la guerre, le chagrin ou la maladie ont dispersés on ne sait où. Cette légion de vampires affamés s'enquiert des terres abandonnées, des propriétés à vendre ou à louer, et petit à petit elle s'installe sur le territoire; elle y établit des cultivateurs allemands, dans le but d'allemaniser insensiblement le pays, comme précédemment on a germanisé le duché de Posen et le Schleswig.

De la sorte, on sert d'un même coup et ses intérêts et la politique de l'Allemagne.

D'autre part, des boutiques allemandes s'ouvrent à Metz, à Nancy, partout où les troupes séjournent, et cherchent à s'approprier le commerce local.

Si on évalue à un million le nombre des soldats tudesques qui ont pénétré en France, il ne faut pas estimer à un chiffre inférieur la population civile qu'ils traînaient à leur suite. C'était un envahissement général, un engloutissement qui étourdissait les peuples surpris, un déluge qui les noyait en paralysant toute résistance. Aussi tous nos départements circonvenus par ce cataclysme humain, regorgent-ils de visiteurs intéressés qu'y attiraient l'espoir d'y commencer leur fortune par le vol et le pillage, et la certitude de l'achever à l'aide du désastre et de la ruine.

Heureusement le grand jour de la paix va les chasser de nos régions, comme bêtes sauvages nocturnes et malfaisantes.

Doutez-vous de la parole d'un Anglais? Non, certes! Et s'il en est qui, comme le *Times*, ont forfait avec l'honneur, grâce à Dieu, l'Anglais en général est plein de délicatesse et le type de la bonne foi. Or, voici quelques lignes d'un Anglais, d'un homme éprouvé par le malheur, et ces lignes sont adressées au *Daily-Telegraph*, le 12 septembre, par le fils d'Albion témoin de la manière dont les Prussiens traitent leurs prisonniers français, après la lamentable journée de Sedan :

« Quand j'étais prisonnier des Sykes, je n'ai certes pas été bien traité par ces éternels et rudes ennemis de l'Angleterre, dans l'Inde. MAIS, SUR MON HONNEUR, JAMAIS JE N'AI RIEN VU D'AUSSI BARBARE QUE LE TRAITEMENT DES FRANÇAIS PRISONNIERS DES PRUSSIENS A ET AUTOUR DE SEDAN, EN 1870. JE NE PUIS COMPRENDRE QUE L'ARMÉE D'UN PEUPLE CIVILISÉ PUISSE AGIR AINSI VIS-A-VIS DE SES CAPTIFS! J'ose à peine en croire mes yeux. Ayant fait quelques observations à des officiers supérieurs, on me répondit de m'occuper d'abord de mes affaires, et ensuite par *des torrents d'injures contre la nation française en général, et ses soldats en particulier...* Lisez et jugez :

» Le lendemain de la fatale bataille de Sedan, environ 80,000 soldats français se rendaient prisonniers... Pourrez-vous croire que depuis, c'est-à-dire pendant cinq jours entiers, tous les hommes de cette armée et beaucoup des officiers qui n'ont pas voulu signer l'engagement de ne plus continuer à porter les armes contre la Prusse, ont été laissés dehors, dans la campagne, sans aucune tente ou abri quelconque, et sans une nourriture suffisante!...

» Oui, aujourd'hui, j'ai vu de mes propres yeux, dans un pré, non pas humide, mais positivement inondé, à peu près aussi large que Trafalgar-square, 80,000 hommes qui y ont été entassés comme des moutons depuis le moment où ils ont été faits prisonniers. Environ 20,000 ont cependant été dirigés sur l'Allemagne, à la fin du mois, et aujourd'hui 10,000 autres et 300 officiers sont conduits au chemin de fer qui doit les porter en Prusse. Je les ai vus avant leur départ. Impossible d'imaginer une situation plus déplorable. Depuis le 2 septembre, jour de la reddition de l'armée, on ne leur a pas donné une once de viande, et chaque homme n'a reçu comme nourriture qu'un biscuit sec pour deux jours.

» Les officiers m'ont assuré, et leur maigreur, leur aspect

affamé prouvaient qu'ils disaient vrai, que littéralement ils mouraient de faim. L'un d'eux, gentleman de noble naissance et de grand courage, me demanda si je pouvais lui procurer un peu de pain. Je retournai à ma voiture et rapportai en effet un pain, quelques tranches de viande froide et un demi-poulet que j'avais pris à Florenville pour mon *luncheon*. Mon ami, qui deux mois auparavant avait refusé de dîner dans un restaurant de seconde classe, à Paris, dévora ces pro-visions comme un loup affamé, pas cependant sans avoir par-tagé avec son ordonnance. Je lui offris quelques banknotes, mais il refusa, disant que lui et ses compagnons avaient assez d'argent pour leurs besoins présents. Du reste, les autorités prussiennes ne permettent pas à leurs prisonniers d'acheter ce qu'ils désirent. Quant aux soldats, ils sont encore dans un état plus déplorable.

» On les a laissés, avec leurs officiers, pendant quatre jours, dans le pré en question, sous une pluie battante, continue, sans pouvoir changer de vêtements. Ils n'étaient pas seule-ment traversés, mais comme si on les avait plongés dans l'eau pendant plusieurs heures. Beaucoup étaient en proie à une fièvre ardente ; d'autres souffraient de violentes douleurs intestinales. Des centaines ne pouvaient se tenir debout par suite d'affections rhumatismales. Pas un médecin avec eux. Les médecins français, qui ont été faits prisonniers, sont en-voyés loin des blessés de leur propre armée, et ces malheu-reux, dont beaucoup meurent faute de soins, sont réduits à se panser eux-mêmes comme ils peuvent. En vérité, c'est horrible, n'est-ce pas? et je ne pouvais supposer qu'une NA-TION soit-disant CHRÉTIENNE PUT TRAITER AINSI DES PRISON-NIERS DE GUERRE!

» Si les Prussiens avaient manqué de provisions, j'aurais compris que leurs captifs dussent souffrir également. Mais cela n'était pas, et le soldat allemand faisait deux repas de viande par jour. En outre, d'énormes contributions étaient levés dans le pays. Et, même quand on ne pouvait y satisfaire, VILLES ET VILLAGES ÉTAIENT INDIGNEMENT LIVRÉS AU PILLAGE.

» J'ai vu partir environ 7,000 prisonniers pour la Prusse. Eh bien! sachez qu'ON LES A FAIT ACCOMPAGNER PAR LES MUSIQUES PRUSSIENNES, qui jouaient alors leurs airs les plus triomphants. Et si un officier restait un peu en arrière, on le frappait à coups de crosse de fusil.

» Indigné au-delà de tout ce que je puis dire, j'écris ces lignes de la frontière de l'Alsace, afin que le monde entier les connaisse et maudisse les Prussiens... »

Voilà ce que racontera l'Histoire!...

L'Histoire dira que le 16 novembre, dans la matinée, une compagnie d'infanterie prussienne, commandée par un major du génie, et suivie d'un caisson d'artillerie, vint prendre position sur le beau viaduc de Beaugency. Alors, à l'aide du canon, en moins d'une heure, et malgré les protestations énergiques de l'autorité municipale, une arche fut détruite et les fils du télégraphe rompus.

Le major essaya de légitimer ces actes de vandalisme, en se rejetant sur les nécessités de la guerre... Soit. Mais comment qualifier ce qui suit?

En quittant Beaugency pour rentrer dans leurs tanières, le major et ses Prussiens traversèrent les hameaux de Villeneuve et de Toimard, qui dépendent de l'importante commune de Baule, et frappèrent en passant à la porte du maire, qui présidait alors son conseil municipal. Furieux de ne pas trouver prêtes des réquisitions impossibles, les Prussiens commençaient à tout piller, lorsque parut l'honorable fonctionnaire. Il fut aussitôt entouré, et comme un de ses voisins cherchait à le défendre en détournant la baïonnette d'un soldat qui menaçait sa poitrine, sur un coup de sifflet du chef, le maire fut saisi, garrotté, *mis en croix* et condamné, victime innocente mais résignée, à contempler dans l'attitude du supplicié l'incendie de ses deux maisons. Enfin il fut traîné, plus mort que vif, par ses bourreaux, à leur camp d'Huineau.

Ces procédés de Peaux-Rouges n'étaient, hélas! que le prélude de scènes de carnage et d'actes de barbarie dont voici la sanglante épopée.

Le 22 du même mois, quatre-vingts de nos chasseurs à pied, après avoir soutenu une lutte héroïque, mais impossible, durent céder au nombre, abandonner la défense du bourg de Cailly et battre en retraite.

Ce qui se passa aussitôt dans Cailly, la plume ne saurait le décrire.

Toute la soldatesque prussienne, furieuse, impitoyable, excitée par des chefs plus furieux, plus impitoyables encore, se rua sur la pauvre bourgade sans défense, brandissant des torches enflammées, lançant des balles explosibles, et achevant d'allumer l'incendie là où les obus et les bombes avaient été impuissants à le faire. En moins d'une heure, vingt-deux maisons étaient réduites en cendres. D'un côté brûlaient l'auberge de la Croix-Blanche, ses écuries, tout un quartier ; de l'autre, flambaient l'hôtel du Cygne et les habitations voisines. Au milieu de cette fournaise criaient, se tordaient les habitants affolés de terreur, traqués entre une ceinture de fer et deux colonnes de feu. Quelques-uns, surpris par les flammes, en essayant de sauver des pièces de leur mobilier, paraissaient à demi brûlés sur le seuil de leurs demeures. Mais on les repoussait à coups de baïonnette dans le brasier, où le lendemain on retrouva leurs cadavres carbonisés. Un malheureux enfant, le bras percé d'une balle, poussait des cris perçants. Enveloppé par un peloton de Prussiens, frémissait d'épouvante un groupe de vieillards, de femmes et d'enfants, destinés à être passés par les armes. On ne les eût pas fusillés tous, peut-être ; mais pour plusieurs l'arrêt de mort était prononcé, et ils ne durent leur salut qu'à l'intervention de deux généreux citoyens dont le pays devra éternellement garder la mémoire.

Or, de quel crime s'étaient rendus coupables ces malheureux habitants de Cailly?

N'oubliez pas ce que déjà j'ai dit à cette occasion; je le
répète : « Les Prussiens, dit la *Revue des Deux-Mondes*, affi-
chent deux sortes de prétentions absolument inconciliables :
d'une part, ils prétendent au nom de l'humanité verser le
moins de sang possible, ne pas vouloir traiter en ennemis
les populations civiles, et leur refuser par conséquent la qualité de belligérants. D'autre part, ils leur enlèvent, en vertu
du droit du vainqueur, tout ce qui peut servir aux besoins
et même au bien-être de leur armée.

» Ils les excluent du droit de la guerre, dès qu'il s'agit
pour elles de se défendre; mais ils leur appliquent ce même
droit, avec la dernière rigueur, dès qu'il s'agit pour elles de
payer.

» En réalité, ils ne leur laissent qu'un privilége : celui
d'être rançonnées...

» Une proclamation du roi de Prusse, publiée le 17 août
par la *Gazette de Francfort*, établit très nettement la situation que la guerre fait aux Français. S'ils se permettent le
moindre acte d'hostilité contre les troupes prussiennes, on
leur promet le conseil de guerre et la mort. Si, au contraire, ils accueillent pacifiquement les soldats, on met à
leur charge tous les frais de l'entretien de l'armée ennemie.
La mort ou la ruine, telle est l'alternative que leur offre
Guillaume... »

Excellent roi ! Brave et digne père des peuples ! Image de
Dieu sur la terre !...

Et dire que ce misérable tartufe ne cesse de parler de
Dieu, en effet...

Les infortunés habitants de Cailly s'étant permis, non de
se défendre, mais de se laisser défendre par nos quatre-
vingts chasseurs à pied français, tombaient ainsi sous le
coup de botte de l'infâme Guillaume, et ils en furent les
victimes.

Maintenant, déplaçons un moment la question et reportons-la sur le terrain du droit international. Respect des lois divines et humaines, respect dû à des conventions régulières et obligatoires, rien n'est sacré pour les soldats du misérable souverain.

Les articles 1 et 5 des *Conventions de Genève,* signées par la Prusse, sont ainsi conçus :

« Les Ambulances et les Hôpitaux militaires seront reconnus *neutres,* et, comme tels, *respectés et protégés* par les belligérants, aussi longtemps qu'il s'y trouvera des malades et des blessés.

» Tout blessé recueilli et soigné dans une maison, y servira de sauvegarde ; l'habitant qui aura recueilli chez lui des blessés sera dispensé du logement des troupes, ainsi que d'une partie des contributions de guerre qui seraient imposées... »

Or, le 9 décembre, le couvent des Dames Ursulines de Beaugency, placé en amphithéâtre sur les bords de la Loire, avait été converti en ambulance internationnale. Il renfermait cent cinquante blessés, tout le personnel de la 7e ambulance de l'armée française. Le général d'artillerie bavarois, campé dans le val de la Loire, le savait, ce qui résulte de ses propres aveux. L'établissement était d'ailleurs ostensiblement signalé par trois drapeaux. Ce signal officiel ne l'empêcha pas de recevoir quatorze obus, qui causèrent les plus graves dommages, et obligèrent d'installer pêle-même dans les caves les blessés des deux nationalités. Quelques-uns même succombèrent dans le trajet.

Le 4 janvier, les fourriers du prince Frédéric-Charles, malgré les protestations énergiques du propriétaire, chassèrent d'une maison deux officiers blessés, un colonel et un lieutenant, pour installer de vive force, à leur place, les aides-de-camp du prince et leurs très nombreuses ordonnances.

Enfin, le 11 mars, après la signature de la paix, un adjudant prussien, personnage qui laissera de tristes souvenirs partout où il a passé, eut l'infamie de frapper d'un coup de sabre, en plein visage, sans motif ni raison, un pauvre soldat français blessé qui, glissant sur un rail de chemin de fer, avait involontairement effleuré le bras de M. l'adjudant!

Voilà ce que l'Histoire racontera à la charge des ignobles officiers prussiens et de leurs immondes suppôts.

Les exécutions militaires, accomplies sur les villages de Chérizy et de Houdan, près de Dreux, ne seront pas oubliées non plus par l'Histoire. Ces infâmes exécutions ne paraîtraient véritablement pas croyables, si elles n'étaient attestées par un témoin oculaire, M. le pasteur Cailliatte.

Chérizy avait été frappé d'un réquisition, fournie à grand'-peine, lorsque la troupe prussienne qui l'avait exigée fut attaquée à quelque distance par des francs-tireurs étrangers au village, qui tuèrent plusieurs soldats à l'ennemi. Voilà que, pour ce seul fait de l'agression à main armée commise sur le territoire de la commune, le village de Chérizy, à titre de représailles et de solidarité, devient l'objet d'un retour offensif de la troupe prussienne, laquelle, sans enquête, sans examen, sans distinction de personnes, procède froidement, méthodiquement, à l'incendie du village au moyen du pétrole et de la poudre, et de l'attaque simultanée des granges et habitations sur quatre points convergents, jusqu'à destruction complète du malheureux pays. On ne s'inquiète même pas de savoir si ces habitations incendiées renferment des femmes, des enfants, des vieillards, des malades.

A Houdan, le même témoin affirme que la rigueur a été plus dure encore. Ce hameau était innocent de toute agression, même du soupçon. Il est brûlé, saccagé, livré au pillage, en punition de ce que, dans le voisinage, l'ennemi n'a pu pénétrer à Dreux, qui avait ce jour-là fermé ses portes.

Procède-t-on différemment en Amérique et en Afrique, envers ces huttes des aldées sauvages?

Voilà ce que l'Histoire dira.

Elle dira encore que le 24 novembre, Mondoubleau, dans Loir-et-Cher, qui, grâce à son territoire couvert de haies et de bois, se croyait à l'abri de l'invasion, fut inopinément visité par un petit parti de uhlans. Immédiatement, quelques gardes nationaux, restés en ville pendant que la majeure partie de leur corps était allé défendre un autre point du pays, se porta dans les champs pour recevoir les arrivants à coups de fusil. Le gros de la garde nationale elle-même, après avoir fait une marche inutile, prévenu de l'invasion, revint promptement, et tandis que quelques hommes de bonne volonté allaient retrouver les premiers tirailleurs, les gardes nationaux rentrèrent pour la plupart à leur domicile, afin d'y prendre un peu de repos. A peine arrivaient-ils à leurs portes, qu'ils recevaient une grêle de balles et que des bombes sifflaient à leurs oreilles. Alors les détonations de l'artillerie leur firent comprendre qu'ils avaient affaire à un corps d'armée tout entier. Aussi chacun d'eux voyant l'inutilité de toute résistance, se tint coi dans sa demeure.

Mais les autres gardes nationaux qui faisaient partie du détachement, après s'être travestis dans une ferme pour échapper à l'ennemi, tombèrent par male chance entre les mains des Bavarois, dont le chef fit saisir les infortunés et les fit garder à vue dans un café, avec d'autres gardes nationaux en uniforme et des civils arrêtés sans nul motif. Après une nuit passée au milieu de la plus dégoûtante soldatesque, les Bavarois emmenèrent leurs prisonniers à Epuisay, à 12 kilomètres de Mondoubleau, sur la route de Vendôme. Là, on les réunit dans un champ, et un peloton de ces affreux Prussiens à casque pointu chargea ses armes à leurs yeux, en répétant mille fois leur fameux mot : *Capout! Capout!* Heureusement, c'était uniquement pour les effrayer, car après les avoir mis ainsi à la torture, il les enfermèrent dans l'église du voisinage. Le soir venu, et alors qu'ils n'avaient pas mangé depuis douze heures, on leur apporta un peu de pain noir et d'eau bourbeuse. Puis, le général Schmitt, un Wurtembergeois dont le nom sera maudit à tout jamais dans Loir-et-Cher, sépara lui-même les civils des gardes nationaux en uniforme, déclarant que les premiers seraient relâchés le lendemain, et que, seuls, les derniers seraient retenus prisonniers. La nuit se passa à causer, et on attendait avec impatience la venue du jour.

Hélas! les malheureux n'étaient pas encore quittes, avec de tels misérables...

En effet, le lendemain, au nombre de trente-neuf, ils furent tous condamnés à passer, un à un, entre deux longues files d'Allemands armés de queues de billard, de bâtons, de triques de tous calibres. Jugez, lecteurs, en quel état ces braves défenseurs de la patrie se trouvèrent, après avoir reçu les étrivières des mains furieuses d'une centaine de ces sauvages alignés sur deux rangs, surtout quand on apprend que, parmi ces victimes, il y avait des vieillards de 60 ans. Assurément ceux-ci seraient restés sur le terrain, sans l'humanité d'un soldat qui releva ces malheureux, évanouis et brisés.

Peut-être allez-vous croire que les soldats seuls de l'armée de Guillaume avaient d'eux-mêmes organisé cette bâtonnade? Nullement. MM. les officiers bavarois et wurtembergeois se donnèrent la peine de venir se dilecter, à la façon des Sioux, du supplice de leurs ennemis.

Voilà un fait qui suffit à lui seul pour honorer le misérable général Schmitt.

C'est à cet indigne soldat que l'on a déjà à reprocher l'incendie d'Ablis.

Quand j'aurai ajouté que cet infâme Schmitt leva sur Mondoubleau une contribution de 20,000 francs, sous peine pour la ville d'être livrée aux flammes, si on ne versait immédiatement l'argent demandé; quand j'aurai dit qu'il fit piller cette même ville, je ne pourrai vous faire passer sous les yeux qu'une pâle esquisse de la férocite de ce monstre indigne d'être homme.

Et c'est un général, de Bismark, il est vrai ! Tel maître, tel valet !.....

L'Histoire dira l'enlèvement d'un magistrat de Versailles, traduit devant un conseil de guerre d'Allemagne, pour avoir donné de ses nouvelles à sa mère, demeurée à Paris, en une lettre qui avait dû franchir *les lignes ennemies.*

Sur ce point, l'opinion de l'Europe triompha bien vite, car le Prussien n'osa pas faire juger M. Raynal par un conseil de guerre, comme il en avait annoncé la volonté.

Que dira-t-elle de l'autre enlèvement, inqualifiable, de M. Thénard, en Bourgogne, à titre d'otage responsable du sort des marins prussiens légitimement amenés par nos croisières à Cherbourg! Je dis *légitimement,* car la loi prussienne est à cet égard textuellement la même que la loi française, et la garantie de la régularité des prises maritimes exige même qu'il en soit ainsi, afin que le témoignage des marins capturés puisse être entendu par des juges chargés de prononcer sur la légalité des prises.

Mais la Prusse tenait à répandre l'épouvante ; elle voulait terrifier, et elle faisait que la *Force primait le Droit,* selon l'expression barbare de M. de Bismark.

Que dira-t-elle aussi de cette variété d'otages, qui consistait à placer des prisonniers ou des Français enlevés à leur domicile, comme une sorte de blindage humain, sur des wagons menacés par le feu des francs-tireurs? Le fait a eu lieu de Nemours à Montargis, et le juge de paix de la première ville, ainsi que son curé, ont été exposés sur les tenders des locomotives, pendant toute la durée du trajet.

Que dira surtout l'Histoire de cette exécution militaire pratiquée en masse sur les prisonniers faits à Soissons?

Enfin, l'Histoire dira que si les chefs de corps de l'armée prussienne n'ont pas été sensibles au contenu de certaines lettres qui leur ont été adressées, c'est qu'ils ont l'épiderme

dur et quelque peu semblable à celui du *Porcorum Grex*
dont nous entretient Horace. Voici le spécimen d'une de ces
épîtres.

   « A son Altesse Royale le grand-duc de Mecklembourg-
Schwerin.

» Paris, le 15 mars 1871.

    » Monseigneur,

   › Du 21 janvier au 15 mars, le modeste manoir de ma famille, situé près de Broglie, dans l'Eure, vient d'abriter et
de nourrir environ deux cents cavaliers de votre armée.

   » Pendant ce temps, la cave a été vidée; le linge, l'argenterie et une partie du mobilier ont disparu; toutes les armoi-
res et tous les tiroirs ont été crochetés ou brisés; enfin on a
percé jusqu'aux murailles pour découvrir des cachettes qui
n'existaient pas.

   » En dénonçant ce pillage à Votre Altesse Royale, je n'ai
pas la naïveté de croire l'instruire. Elle sait trop bien que,
partout sur le passage des armées allemandes, les mêmes
faits se sont reproduits avec une précision mathématique.

   » Or, ces faits, Monseigneur, vous les déplorez certainement plus que moi, *car leur divulgation est le commencement de notre revanche.*

   » Pour ma part, j'attache un si grand prix à perpétuer le
souvenir du passage de Votre Altesse Royale dans mon domaine, et du pillage que *vos soldats y ont continué durant
l'armistice*, et achevé le 4 mars, *alors que la paix était déjà
signée*, qu'une plaque commémorative va être fixée au mur
de ma maison. Si chacun de mes concitoyens dévalisés en
fait autant, il n'y aura pas sur tout le territoire envahi un
coin de terre où ne soit gardée la mémoire de votre grande
curée allemande.

» CHARLES DE BONNECHOSE. »

Oui, nous avions affaire non pas à des soldats, mais à des
VOLEURS! Duc de Mecklembourg-Schwerin, *voleur!* Prince
Frédéric-Charles, *voleur!* Feld-maréchal de Moltke, *voleur!*

Comte de Bismark, *voleur! Notre* Fritz, *voleur!* Et Guillaume donc, oh! *voleur,* cent fois *voleur* par excellence, puisqu'il a tant volé, et fait voler, et emballer, et emballer encore, et emballer toujours, que le surnom que lui donnera l'Histoire sera celui de :

GUILLAUME L'EMBALLEUR, *roi de Prusse!*

Déjà l'Histoire a enregistré que ce bon roi de Prusse s'est emparé des flambeaux qui décoraient la cheminée du cabinet de travail qu'il avait adopté pour son *retiro,* à l'hôtel de la Préfecture, à Versailles; déjà elle a écrit sur ses tablettes que le prince Frédéric-Charles a fait faire de nombreux emballages pendant son séjour au château de Fontainebleau; déjà elle raconte l'enlèvement d'objets d'art très précieux du château de Compiègne, et notamment du tableau des *Saisons,* par M. Trois Etoiles...

Déjà cette même Histoire, inflexible dans ses jugements, a entretenu ses lecteurs, et ils sont nombreux dans notre Europe savante, d'un charmant petit mobilier de salon, fort coquet, d'un goût exquis, enlevé sans honte, emballé sans pudeur, et expédié sans vergogne à Berlin, par *notre* Fritz, faisant ainsi preuve d'artiste, mais aussi dépouillant ses hôtes tout comme le dernier des grinches venu.

Clio chuchote aussi, mais tout bas, mais bien bas, les ardentes convoitises et les légers essais de peccadilles d'une nature plus délicate, ayant complètement avorté, d'abord par le fait de l'inflexibilité de l'héroïne, et puis grâce au stylet d'un Bartholo de Versailles, intrigues malheureuses dont se trouve chargé le dossier du même Fritz, en défaveur absolue près de nos charmantes Françaises.

Déjà l'Histoire amuse nos contemporains du grand, de l'invincible amour de M. de Bismark...

— De l'amour... chez M. de Bismark?... allez-vous vous écrier...

— Eh bien! oui, il faut l'avouer; un fol amour... pour la pendule du salon de l'hôtel sis rue de Provence, à Versailles.

9

et dont le grand chancelier avait fait sa résidence. Cette ravissante pendule lui plaisait par-dessus tout : n'était-ce pas elle dont le cadran avait marqué, minute par minute, toutes les terribles péripéties du siége de Paris, des tortures de ses habitants, des armistices tant débattus, de la paix si difficilement obtenue? Aussi M. de Bismark aurait volontiers compromis sa dignité à commettre le rapt de cette pendule! Elle ferait si bonne figure dans son château de Varzin! On pourrait dire en la montrant : Voilà la pendule qui, que, dont, etc.! Et que de souvenirs alors!... Et puis ne fallait-il pas rapporter quelque chose à sa femme et à ses enfants!... Aussi, grandes négociations entre la dame propriétaire de la résidence de la rue de Provence et le chancelier fédéral... La dame tint bon, et la pendule tant désirée lui resta. Mais, par contre, le linge et l'argenterie de la maison généreusement prêtée au chancelier Bismark, ont été enlevés par les agents du célèbre personnage...

Voleurs! voleurs tous! L'Histoire le chantera sur tous les modes.

Notre savant Philarète Chasles possède une maison de campagne à Bellevue, près de Meudon. Là, était renfermée une bibliothèque de 2000 volumes, choisis comme un bibliophile de la trempe de M. Chasles peut et sait choisir. Ils étaient presque tous annotés de la main de leur heureux possesseur. Hélas! les Prussiens envahissent ce temple du travail... Jadis, un barbare donna l'ordre à ses soldats de respecter Archimède et ses travaux. Alexandre-le-Grand épargna la maison de Pindare, à Thèbes. Mais le Prussien, roi, duc ou chancelier, ne connaît pas de telles délicatesses. La bibliothèque de Philarète Chasles est emballée et voyage à cette heure à destination de Berlin...

Tout récemment ne voyons-nous pas dans les journaux allemands, à la quatrième page, l'annonce d'une nombreuse collection de curiosités publiant avec fracas la vente d'une quantité de meubles d'art, d'objets historiques, de raretés de

toutes sortes, tableaux, livres, instruments, etc., toutes choses provenant de la spoliation des châteaux de la France mis
à sac par ces Prussiens? Or, le spéculateur annonçait en outre, effrontément, que ses agents étaient en mesure de lui ex-
pédier de pleins chargements de magnificences et de belles
choses ayant appartenu aux plus illustres personnages. Il
ajoutait qu'il donnerait par écrit, et avec garantie, l'origine
des objets, meubles, raretés, etc., enlevés à la France.

Je ne sais plus sous quel nom un riche amateur de dessins
ayant trait aux sciences, et de gravures d'un très haut prix,
habitant Rouen, ou le voisinage de Rouen, possédait tout un
musée de ces inappréciables reliques de l'art et du savoir.
La renommée de cette admirable collection scientifique était
grande, trop grande, puisqu'elle avait pénétré jusqu'à Berlin.
A peine la Seine-Inférieure est-elle envahie, qu'est envahie
sans retard la maison du possesseur des cartons fameux. La
collection est saisie, mise dans des caisses, enlevée, et ces
richesses d'art, uniques au monde, sont ravies à la France,
et envoyées à notre jalouse et déloyale ennemie...

Mais les Prussiens ne s'occupent pas uniquement d'art et
de science, assurément. Ils ont aussi du goût pour les choses
de la bouche. La Champagne le sait, et les commerçants en
vins d'Aï, d'Epernay, etc., ne l'ignorent pas. Il en est de
même à Arbois. Le célèbre vignoble de ce nom est situé dans
le Jura, et le monde gourmet connaît et apprécie ses vins
pétillants et mousseux. Or la Bavière, elle aussi, connaît et
aime ces vins, dont elle s'approvisionne tous les ans. Mais,
à son avis, ce liquide serait de beaucoup meilleur encore...
s'il ne coûtait rien... Donc, les Bavarois des armées allemandes s'emparent d'Arbois. Ils y saisissent mille muids de son
vin exquis, et ils expédient le tout, sans bourse délier, à
leurs amis et parents de la Bavière. C'est bien le moins
qu'on se souvienne de ceux qui sont au pays, quand on
voyage!

Mille muids à 300 bouteilles! c'est une perte énorme pour Arbois, et ses habitants sont au désespoir...

Mais les Bavarois chanteront : Ah! quel plaisir d'aller à la noce, quand il n'en coûte rien!...

Voleurs donc, voleurs encore, et toujours voleurs!...

Hélas! à quoi bon insister davantage sur les turpitudes prussiennes, sur les déprédations ignominieuses et les rapines flétrissantes de ces forbans?

Que pourrais-je ajouter encore à ce que dira l'Histoire? Certes, la matière est inépuisable; mais sur ce chapitre nous ne pouvons présenter que des faits sommaires.

Attendons qu'elle parle et qu'elle embouche sa trompette épique, alors nous lui prêterons l'oreille avec recueillement et avec douleur.

Elle commencera certainement par répéter ce que j'ai dit, à savoir que l'un des traits caractéristiques de la guerre actuelle de l'Allemagne contre la France est l'*affectation d'humanité* et de *sentiments pacifiques* dont nos ennemis ont fait étalage. Diplomates et journalistes, généraux et professeurs, on dirait que tous ont voulu se donner pour des bergers d'églogue, quand ils montraient leur pays « *surpris* » par la déclaration de guerre du gouvernement impérial, et lorsqu'ils criaient sur les toits que les Prussiens étaient le peuple le plus modéré et le plus pacifique de la terre.

Hypocrisie toujours et partout! et hypocrisie doublée de fraude et de honteuses menées souterraines. Car, en déclarant la guerre à la Prusse, l'empereur Napoléon III est sottement tombé dans le piége que lui tendait l'ignoble Bismark, piége que ce héros de larronnerie avait tendu déjà, en 1866, à l'empereur François-Joseph.

Peut-on se faire illusion sur le souffle ambitieux qui passait sur l'Allemagne, en 1870, et comment poètes, écrivains, professeurs, semaient dans les âmes allemandes les germes de la haine contre leurs voisins de France?

Ce souffle est devenu tempête, et nous avons été engloutis dans le tourbillon!

Chose étrange! un phénomène avait signalé le début de cette guerre horrible, un phénomène en marqua les plus sinistres péripéties, et un phénomène en signale la triste fin.

Le 17 mars 1871, l'attention des provinces de l'ouest de notre France était appelée à observer une rare merveille de l'océan des cieux. A onze heures moins un quart de la nuit, une sorte d'étoile filante, partie de l'horizon, dans le nord-ouest, se dirigeait en droite ligne vers le sud-est, où elle s'enfonçait dans l'infini. Elle laissait après elle une longue traînée lumineuse, qui forma bientôt un arc-en-ciel immense, couleur de feu et de sang. Le météore s'avançait avec une certaine majesté et paraissait composé de deux flèches parallèles. L'arc de cercle résultant de son parcours, parfaitement lumineux et affectant les nuances que j'ai dites, dura trente minutes; mais ses teintes vives d'abord, pâlissaient peu à peu, et arrivèrent en dernier lieu à ne plus offrir que l'apparence d'une fumée légère ou d'une ligne nuageuse.

Cet arc-en-ciel s'élevait à une grande hauteur, car cette traînée lumineuse, au début d'une rectitude entière, s'arc-bouta ensuite et s'ondula sous l'influence des courants dans lesquels elle descendait petit à petit.

Puisse ce dernier phénomène ne pas être le signal de nouvelles calamités!

LE MOT DE LA FIN.

———◦≪≫◦———

Voilà six mois que nous vivons au milieu des Allemands. Certes, ces misérables ont été l'ennemi et le bourreau de notre patrie bien-aimée, et, à ce titre, je les hais de toute la haine dont un cœur d'homme, blessé dans ses plus chers intérêts, est susceptible. Néanmoins, dans l'Allemand, j'admire deux choses :

D'abord son observance la plus stricte de la discipline militaire;

Et, ensuite, la foi vive et sincère du fervent catholique, chez celui qui ne s'est pas détaché du giron de notre Eglise.

En présence de cette soumission, complète, absolue, de cette abnégation constante de lui-même, chez le soldat allemand, on comprend quelle force irrésistible une armée aussi parfaitement disciplinée peut concentrer en soi.

Aussi, comparativement, combien nos armées françaises sont inférieures sous ce point de vue!

Hélas! c'est que la discipline militaire d'autrefois n'existe plus, chez nous; elle est morte... Les journaux ennemis de l'ordre et de tout gouvernement qui ne partage pas leurs opinions, l'ont tuée, cette discipline, à laquelle nous devions et notre vaillance, et notre force, et notre gloire !

Dès lors elle s'est éteinte, cette *furia francese* qui, jadis, faisait l'admiration des peuples, et leur terreur, et leur épouvante !

Oui, la discipline militaire, en France, a été petit à petit *démolie*, c'est le mot dont MM. les démolisseurs eux-mêmes stygmatisent leur œuvre. Elle a été battue en brèche, déchirée, mise en lambeaux, ridiculisée, outragée, par ces feuilles ignobles qui, dans leur prétendue *tribune militaire*, vilipendent les généraux et les officiers, inculquent les idées les plus fausses aux soldats, les détournent de leurs devoirs, en font les complices des émeutes, les défenseurs de la rébellion, et des piliers de cabaret...

Ils recueilleront ce qu'ils auront semé, les folliculaires éhontés qui font ainsi boire le venin à pleine coupe ! Le désordre, la misère, l'abaissement honteux de leur nation, et la mort d'un peuple qui ne demandait qu'à vivre, mais que ces meneurs de révolutions conduisent à l'abattoir, seront leur triste partage...

Quant à la foi catholique qui, chez nos ennemis, nous frappa tant et si fort, nous qui hantons la maison de Dieu, oserai-je dire que nous avons été humiliés, confondus, en comparant et nos soldats et nos Français des villes et des campagnes, avec ces barbares en prières ?... Cela est cependant. Prosternés sur les dalles de nos églises, pieusement inclinés devant les autels, priant avec âme les uns, les autres prenant leurs oraisons dans des livres, beaucoup d'entre eux fondant en larmes au fond des chapelles les plus ténébreuses, tous nous offraient un édifiant tableau de recueillement et de piété...

Quelle différence avec notre peuple de France !

Jamais plus, hélas ! un homme de la ville, un artisan quelconque, ne franchit la porte du sanctuaire ; jamais plus il n'adresse au ciel une prière ; jamais plus il n'élève son âme vers son créateur et le souverain arbitre de ses destinées !... Il rougirait d'être aperçu pénétrant dans une église, cet homme qui perd des heures entières en causeries inutiles, et souvent obscènes; cet autre qui prodigue son argent et sa santé aux tables des estaminets; celui-là même, souvent, dont la famille attend impatiemment le retour pour en obtenir le pain qui lui fait défaut!... Et l'homme des champs, le cultivateur, le fermier, le paysan, ceux qui voient le mieux Dieu dans ses œuvres et qui ont le plus besoin de sa bénédiction pour les semailles et leurs récoltes, croyez-vous qu'ils s'agenouillent jamais en présence de celui qui donne les moissons, mais qui aussi, parfois, déchaîne les tempêtes?... Non... pour eux non plus, Dieu n'existe plus! on ne l'invoque plus, et Dieu se retire.

Oui, Dieu s'éloigne de nous, et la preuve c'est que, dans la fatale guerre que nous venons de subir, c'est nous, nous jadis les braves, qui avons été vaincus, battus, honnis, éreintés, aplatis, ruinés!... Et pour n'avoir plus avec nous le Dieu des armées, il ne nous reste en partage que la honte et la douleur!...

Voyez ce qui arrive :

Nous sommes dans le deuil; nos parents et nos amis sont morts; l'argent nous manque, il y en a tant à donner au vainqueur! l'alimentation devient de plus en plus difficile et le prix des denrées excessif... c'est égal : le plaisir avant tout!

Aussi on ouvre des théâtres partout, on annonce des fêtes, des bals, des soirées; la réouverture des établissements les plus suspects aux familles est publiée avec fracas, et on y convoque leurs anciens habitués : étrangers désœuvrés, filles et femmes déclassées, étudiants ne s'occupant guère d'études, boulevardiers et gandins, petits crevés et gens en quête de s'abêtir au plus vite dans cette charmante réunion d'imbéciles.

Eh bien! le cœur se serre en prévision de l'avenir!

Il me semblait que, nous Français, nous allions comprendre enfin qu'il est urgent que la génération qui se lève oublie les sottises de son aînée, et se prépare, par le respect d'elle-même, à un meilleur et plus utile emploi du temps.

Mais non! on veut danser, banqueter et se gaudir dans l'orgie.

On n'admet pas que c'est d'hommes dont nous avons besoin, et non de pantins!

L'expérience vient de nous révéler le mensonge de notre force militaire; cherchons donc à pénétrer aussi le mensonge de notre vie civile.

Ne restons pas un pauvre peuple empoisonné, et plus qu'empoisonné, car le poison tend à pénétrer dans l'âme, et mettons-nous à chercher non plus seulement un médecin, mais un exorciste.

Avachis, écrasés comme nous voilà, ce n'est plus un homme de guerre, ni un homme politique qui puisse nous sauver! Cette tâche ne peut être remplie que par Dieu!

Nous voyons que notre barque sombre, et nous crions :

— *Perimus!*

Nous périssons, en effet; mais telle est la profondeur du mal, que personne ne sait ou n'ose ajouter :

— *Domine, salva nos!* Sauvez-nous, Seigneur !

Le livre de nos destinées, fermé à Sedan, va-t-il donc se rouvrir à la même page? On le dirait, puisque voilà déjà ce faux semblant de vertu civique dont le Parisien et le Français s'étaient affublés pendant les calamités de l'envahissement, qui commence à tomber. Ce patriotisme à la détrempe s'écaille; et, si l'on n'y prend garde, les mêmes mœurs se continuant, le retour au plaisir achèvera la ruine de notre pays, en le déshonorant tout-à-fait...

Telles sont les tristes réflexions qu'inspire ce qui se passe, et alors que, la lanterne de Diogène à la main, on cherche un homme !

Ce qui se passe? C'est le retour empressé de la jeunesse à toutes les folles joies auxquelles convient les trafiquants de plaisirs qui énervent. Je sais que, moraliste comme je suis, je vais déplaire ; mais l'écrivain honnête doit dire la vérité. Or, tout s'enchaîne dans ce monde, et nous avons motif pour redouter la restauration du système impérial, qui nous a ruinés plus que jamais peuple ne l'a été.

Soyons donc graves et sérieux ; devenons recueillis ; soyons religieux surtout, en face des temps inconnus, ténébreux, qui se présentent à nous, et dont personne ne peut sonder les profondeurs...

Qui peut ne pas s'inquiéter devant un avenir qui commence au milieu des tempêtes éclairées par des incendies et souillées par des massacres ?

En supposant même qu'il nous conduise à des gloires nouvelles, à des prospérités inconnues, ne doit-on pas saluer d'un regret douloureux la civilisation qui vient d'être si fortement ébranlée par l'invasion de nouveaux barbares, et que menacent les horreurs de la guerre civile ?

Enfin, et surtout, levons les yeux et l'esprit en haut : *Sursum corda!* Car n'oublions pas que c'est un bien triste peuple... le peuple qui est sans Dieu !

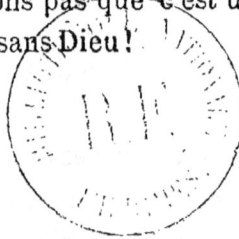

FIN.

TABLE.

———

FIN DE LA TABLE.

———

LIMOGES ET ISLE. — Typographies EUGÈNE ARDANT ET C. THIBAUT.

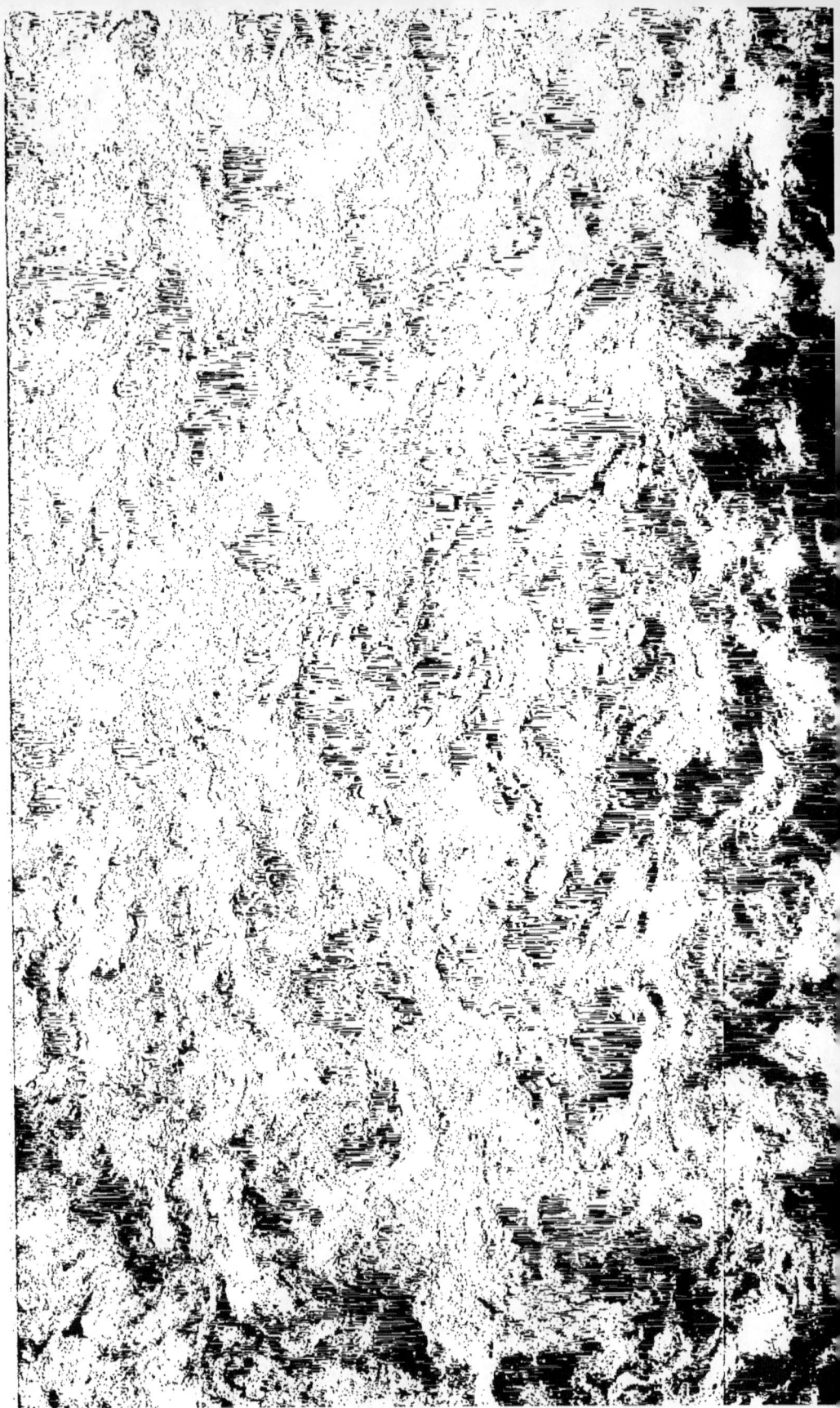

www.ingramcontent.com/pod-product-compliance
Lightning Source LLC
Chambersburg PA
CBHW060803110426
42739CB00032BA/2593